RCR

OBRA	SERIES
	ESBOZOS
SOBRE PAPEL	OBRA

....

WORKS	SERIES
	SKETCHES
ON PAPER	WORKS

RCR
OBRA SOBRE PAPEL
WORKS ON PAPER

Primera edición : First edition, 2018
© Arquine, S.A. de C.V.
Campeche 300, PH, Hipódromo,
Ciudad de México, 06100
ISBN: 978-607-9489-37-3
© RCR Bunka Fundació Privada

Textos : Texts
© Miquel Adrià
© Daniel Giralt-Miracle

Obra gráfica : Graphic works
© RCR Lab·A

Fotografías : Photographs
RCR Lab·A: 001–123
Pep Sau (RCR Lab·A): 124–145

Selección de obra gráfica de RCR :
Selection of graphic works by RCR
Andrea Buchner

Arquine
Dirección general : Director
Miquel Adrià

Dirección ejecutiva : Executive Director
Andrea Griborio

Dirección editorial : Publishing director
Selene Patlán

Asistencia editorial : Editorial assistant
Miguel Caballero

Diseño : Design
David Kimura + Gabriela Varela

Corrección de estilo : Copy editing
Andrea Buchner
Pedro Hernández
Christian Mendoza

Traducción : Translation
Gregory Dechant

Preprensa : Prepress
Juan Carlos Almaguer Vega

www.arquine.com

Este catálogo acompaña a la exposición *RCR. Obra sobre papel*, realizada en el marco de Festival de Arquitectura y Ciudad MEXTRÓPOLI. Se terminó de imprimir en marzo de 2018 en las prensas de Offset Rebosán, en la Ciudad de México. Para su formación de usaron fuentes de la familia Berthold Akzidenz Grotesk.
....

This catalogue has been published on the occasion of the exhibition *RCR: Works on Paper*, held as part of the Festival de Arquitectura y Ciudad MEXTRÓPOLI. It was printed in March 2018 by Offset Rebosán in Mexico City. The text was set in typefaces of the Berthold Akzidenz-Grotesk family.

RCR

OBRA

SERIES

ESBOZOS

SOBRE PAPEL

OBRA

....

WORKS

SERIES

SKETCHES

ON PAPER

WORKS

Arquine

ÍNDICE

CONTENTS

MIQUEL ADRIÀ

A LA CAPTURA DE INTUICIONES

IN QUEST OF INTUITIONS

1

La colección de dibujos, esbozos, aguadas y acuarelas de RCR muestra una manera de acercarse al proyecto arquitectónico y, a su vez, adquiere autonomía artística. Los esbozos son el primer destilado de un proceso creativo que da forma a ideas donde confluyen reacciones al lugar e intuiciones al proyecto. No tanto representando un contexto sino abstrayendo su esencia todavía imprecisa. Tampoco definiendo una imagen objetivo sino acariciando las aristas veladas que emergen del programa arquitectónico. La acuarela y las aguadas de tinta se prestan a la transparencia, a las capas, a los velos, que no comprometen el resultado final, mientras que seducen durante el tránsito hacia la materialización del espacio. Conformar requiere tiempo para dejar emerger progresivamente tanto la materialidad como la inmanencia de las sensaciones: el peso del aire, la levedad de los cuerpos van apareciendo entre los trazos imprecisos y caligráficos de la tinta que abre sus cauces fluidos sobre el papel.

Apunta Josep María Montaner que los esbozos y acuarelas de RCR "expresan aquello que no puede hacerse con palabras y que aún no tiene forma, aquello que expresa una intención".[1] Dibujar es descubrir, es dejarse llevar hacía el proyecto. Y en la radicalidad del trazo aparece el diagrama que será su esencia. RCR considera que el proyecto no se imagina desde la forma: la forma no es lo importante, sino la evolución desde los conceptos iniciales. Manuel Guerrero Brullet afirma que "el objetivo específico de estos diagramas es atrapar la intuición y la intención; es decir, aquello que está en la base del proyecto. Una intuición, la cristalización de una idea inicial, registros de intenciones, quedan fijadas en las aguadas de tinta".[2] Es un proceso que gesta una síntesis plástica y conceptual en los cuadernos y crece para tomar volumen en la construcción del espacio. No hay proyecto que no pueda ser narrado en unos trazos esenciales que sinteticen resonancias y fuerzas. Al final aparece el proyecto arquitectónico que se somete a la geometría y el ideograma implícito en las pinceladas de los primeros esbozos adquiere la autonomía de la obra de arte.

2

A lo largo de tres décadas RCR (Rafael Aranda, Carme Pigem y Ramon Vilalta) han desarrollado una arquitectura genuina que explora las fronteras entre lo natural y lo artificial. Con esencialidad y pocos materiales —acero, vidrio, paisaje—, sus construcciones acentúan la experiencia de la luz, la sombra, la tierra y el aire. Su obra articula espacio y tiempo, expandiendo uno, ralentizando otro. Pocas veces se alcanza esa arquitectura de los sentidos que proponía Juhani Pallasmaa donde no sólo se construye una percepción visual, sino que también apela al oído y al tacto, en una experiencia mutisensorial. Su búsqueda hacia una arquitectura secuencial sin límites genera un espacio puro en simbiosis con la naturaleza que tiende a las desmaterialización. La línea de horizonte corbusiana es el campo de referencia de su trabajo, que se desarrolla por encima y por debajo del plano de tierra. En su obra predomina el concepto y el proceso, renunciando a la forma como premisa, para conseguir que la materia se convierta en una fuente de invención y experimentación permanente, impregnada de lúcidas reflexiones sobre la condición contemporánea. Un alarde exquisito de arquitectura pura que va más allá de su forma y su función, para albergar atmósferas y fundirse en la naturaleza.

Estos tres arquitectos catalanes recibieron el premio Pritzker en 2017 y son el primer trio en poseer el máximo galardón de la arquitectura. El jurado, presidido por el también premiado Glenn Murcutt, resaltó que mientras más personas temen que la influencia internacional haga perder los valores locales, "RCR nos ayudan a ver, de una manera bella y poética, que la respuesta a la pregunta no es 'una u otra' y que podemos aspirar a tener ambas cosas: nuestras raíces firmemente en el lugar y nuestros brazos extendidos hacia el resto del mundo".[3]

1   Montaner, Josep María, *Els ideogrames d'RCR*, en *Papers RCR Arquitectes*, Catálogo de la Exposición homónima en Santa Mònica, Barcelona, 2015, página 21
2   Guerrero Brullet, Manuel, *El dibuix com a potència, el dibuix com a descobriment*, en *Papers RCR Arquitectes*, Catálogo de la Exposición homónima en Santa Mònica, Barcelona, 2015, página 11
3   Del acta del jurado del Premio Pritzker 2017

3

Las cincuenta y dos piezas de la muestra *RCR. Obra sobre papel*, que se presentan en el Centro Cultural Rule de la Ciudad de México y realizada dentro del marco del Festival de Arquitectura y Ciudad MEXTRÓPOLI, se compone de tres categorías: series, esbozos y obra. *Series* expone una pequeña colección de sus exploraciones plásticas; *esbozos* deja ver su proceso de trabajo con dibujos que extraen la esencia y el concepto de algunas de sus obras arquitectónicas, y *obra* exhibe sus intereses arquitectónicos de algunos de sus viajes con una expresión más artística. Esta colección de dibujos, aguadas y acuarelas son naturalezas muertas y son croquis de proyectos, son paisajes e intuiciones germinales de espacios futuros, son estratos geológicos y pruebas de color, son telúricas y atmosféricas, son todas las anteriores o ninguna, que en cualquier caso adquieren autonomía propia. Decía William J. R. Curtis que "la buena arquitectura, como la buena pintura, transmite antes de ser entendida".[4] Y aquí hay ecos del último Rotko, de la densidad geométrica de Richard Serra, y sobre todo, de la abstracción monocromática de Pierre Soulages. Y también está la esencia de los proyectos que no se exponen prematuramente sino que atrapan diagramas que aluden a espacios y a las relaciones de éstos con el paisaje. Si con los primeros trazos emergía un poco de cada proyecto, con el tiempo, con cada pincelada, se construye un mundo autónomo que no necesariamente forma parte de un proceso arquitectónico. Muchos de estos esbozos nacen con los caminos, las lomas, los ejes geográficos y las líneas de fuerza que "quedan fijados de modo abstracto, con lápiz y aguadas de tinta que van configurando la evolución creativa de un proyecto".[5] Y si se gestaron para evocar conceptos espaciales o materiales, adquieren vida propia desde su propia narrativa pictórica, caligráfica o matérica. Sus esbozos condensan resonancias de su obra construida, y a la vez, destilan intuiciones profundas y esenciales.

4   Curtis, J. R. William, *Materia oscura*, en *RCR arquitectes 1988–2017*, Arquitectura Viva. Madrid 2017, página 32

5   Guerrero Brullet, Manuel, *op. cit.* página 11

1

RCR's collection of drawings, sketches, gouaches, and watercolors reflects a way of approaching architectural design, even as the individual works take on an artistic autonomy of their own. The sketches are the first distillation of a creative process that gives shape to the architects' ideas, in which reactions to place and intuitions about design begin to converge. Not so much by representing a context as by abstracting its still imprecise essence. Nor by defining an objective image but rather by caressing the veiled contours that emerge from the architectural program. Watercolors and gouaches lend themselves to transparency, to a process of layering and veiling uncommitted to any final result, while they seduce during the transit towards the materialization of space. Giving something shape requires time, as both the materiality and the immanence of the sensations are allowed gradually to emerge: the weight of the air, the lightness of the bodies appear little by little from amidst the imprecise and calligraphic strokes of ink that open a fluid path onto the paper.

Josep Maria Montaner has pointed out that RCR's sketches and watercolors "express that which cannot be done with words, and which does not have a form, that which expresses an intention."[1] To draw is to discover, to allow oneself to be led toward the design. And in the radical nature of the lines appears the diagram that will be its essence. The members of RCR do not believe that design is imagined out of form: form is not the essential thing, but rather the process of evolution from the initial concepts. Manuel Guerrero Brullet has written that "the specific aim of these diagrams is to capture intuition and intention: that which is at the base of the design. An intuition, the crystallization of an initial idea, registries of

1   Josep María Montaner, "Els ideogrames d'RCR," in *Papers RCR Arquitectes*, exhibition catalogue (Santa Mònica, Barcelona, 2015), p. 21.

intentions, are fixed in the ink gouaches."[2] It is a process that creates a plastic and conceptual synthesis in the notebooks and then grows to assume volume in the construction of space. There is no design that cannot be recounted in a few essential lines which synthesize resonances and forces. In the end, the architectural design appears, subject to geometry, and the ideogram implicit in the brushstrokes of the very first sketches acquires the autonomy of a work of art.

2

Over the course of three decades, RCR (Rafael Aranda, Carme Pigem and Ramon Vilalta) has produced a genuine architecture that explores the frontiers between the natural and the artificial. With a few essential materials —steel, glass, landscape—, their constructions accentuate the experience of light, shadow, earth, and air. Their work articulates space and time, expanding the one, slowing down the other. That architecture of the senses proposed by Juhani Pallasmaa is seldom achieved: an architecture where not only a visual perception is constructed, but a multisensorial experience, which appeals also to hearing and touch. RCR's quest for a sequential, limitless architecture generates a pure space in symbiosis with nature, which tends toward dematerialization. Le Corbusier's line of the horizon is the field of reference of their own work, which is developed above and below the plane of the earth. Concept and process predominate, as they renounce form as a premise, in order to transform matter into a source of invention and permanent experimentation, charged with lucid reflections on the contemporary condition. An exquisite display of pure architecture that goes beyond form and function to embrace atmospheres and fuse with nature.

These three Catalan architects were awarded the Pritzker Prize in 2017, the first trio to receive architecture's highest distinction. The jury, chaired by Pritzker recipient Glenn Murcutt, reminded us that, while many fear that international influences will cause the loss of local values, "[RCR] help us to see, in a most beautiful and poetic way, that the answer to the question is not 'either/or' and that we can, at least in architecture, aspire to have both; our roots firmly in place and our arms outstretched to the rest of the world."[3]

3

The fifty-two examples in the exhibition *RCR. Works on Paper*, presented at the Centro Cultural Rule in Mexico City as part of the MEXTRÓPOLI Architecture and City Festival, are divided into three categories: series, sketches, and works. The *series* consist of a small collection of plastic explorations; the *sketches* allow a glimpse of RCR's working process through drawings that extract the essence and the concept of some of their architectural works; and *works* reveals the architectural interests of some of their travels with a more artistic expression. This collection of drawings, gouaches, and watercolors consists of still lifes and design sketches, landscapes and germinal intuitions of future spaces, geological strata and color tests, telluric and atmospheric elements… In short, all or none of the above. In any case, they have all acquired their own autonomy. William J. R. Curtis has said that "good architecture, like good painting, transmits before it is understood."[4] And here there are echoes of late Rothko, of the geometrical density of Richard Serra, and above all of the monochromatic abstraction of Pierre Soulages. And there is also the essence of the designs not prematurely exhibited, but which capture diagrams that allude to spaces and their relationship to the landscape. If a little of each design emerges through these initial lines, over time the brushstrokes create an autonomous world, and a world not necessarily part of an architectural process. Many of these sketches were born from the roads, the hills, the geographical axes, and the lines of force that "remain fixed in an abstract way, with pencil and ink gouache configuring the creative evolution of a design."[5] And if they were created to evoke spatial or material concepts, they have nevertheless acquired a life of their own, with their own pictorial, calligraphic, and material narrative. These sketches condense resonances of RCR's constructed work even as they distill profound and essential intuitions.

2   Manuel Guerrero Brullet, "El dibuix com a potència, el dibuix com a descobriment," in *Papers RCR Arquitectes*, p. 11.
3   From the jury citation of the Pritzker Prize 2017.
4   J. R. William Curtis, "Materia oscura," in *RCR arquitectes 1988– 2007* (Madrid: Arquitectura Viva, 2017), p. 32.
5   Guerrero Brullet, "El dibuix com a potència," p. 11.

DANIEL GIRALT-MIRACLE

LOS DOCUMENTOS MÁS ÍNTIMOS DE LOS RCR

....

RCR'S MOST PERSONAL DOCUMENTS

La llegada de los recursos informáticos a la arquitectura acabó por disminuir, hasta casi anular, los procedimientos representativos de esta disciplina, que ya se habían reducido después del renacimiento, al punto de que, actualmente, queda poco margen a la creatividad y unos planos de planta, alzado o sección, que se dibujan en Oriente o en Occidente, acaban siendo iguales. Como máximo, el dibujo técnico se acompaña de discretos bocetos, a los que se da una importancia secundaria.

Afortunadamente, siempre queda alguna excepción. Es en este marco que debe situarse la aportación que se presenta en esta ocasión de RCR, este equipo que ha conseguido formular una arquitectura distinta en lo conceptual y en lo formal. No en balde, han sido distinguidos por los premios más relevantes que se conceden en arquitectura, incluido el Pritzker.

Se ha repetido que su arquitectura convive con la naturaleza, con un paisaje concreto, que nunca alterarán con una morfología o vegetación que pueda resultar disonante. Probablemente ello es consecuencia de su lugar de procedencia: la ciudad de Olot, emplazada en la comarca prepirenaica de la Garrotxa, que se caracteriza por su potente fuerza paisajística. Respondiendo a unos periodistas, RCR afirmó: "Estar aquí y sentir todo lo que nos rodea nos hace entender, ser y ver de una manera. Tenemos una relación directa con la topografía, la vegetación, la construcción más básica de la materialidad". Y no tengo ninguna duda de que esto es así.

Porque este entorno natural no deja a nadie indiferente. De hecho, ya en el siglo XIX, generó la llamada Escuela de Olot, integrada por un grupo de pintores que trabajaron con toda libertad estilística y técnica este específico paisaje de las tierras catalanas. Pintores nacidos o no en este lugar, como Joaquim Vayreda (Girona, 1843–Olot, 1894), Ramon Martí Alsina (Barcelona, 1826–1894), Enric Galwey (Barcelona, 1864–1931), Joan Brull (Barcelona, 1863–1912), Ramon Casas (Barcelona, 1866–1932) y Santiago Rusiñol (Barcelona, 1861–Aranjuez, 1931), pasaron del naturalismo imperante de corte romántico a representar las montañas, los ríos, las arboledas y los estanques de una manera peculiar, en la que la luz y los distintos matices de los colores son los protagonistas de sus óleos. Y a mi entender, es precisamente este dejar embargarse por los elementos fenoménicos de la naturaleza que hicieron los pintores de la Escuela de Olot, lo que están poniendo al día a su manera los RCR.

Ello se debe a que la base de su filosofía está en el punto de partida del proceso constructivo, en lo que denominamos el *ideatum*, una palabra poco usual que, sin embargo, se maneja con frecuencia en el campo filosófico, recurriendo a Santo Tomás, para quien el *ideatum* era una idea de algo potencial, y a Baruch Spinoza, quien en su ética afirmaba que "idea vera debet cum suo ideato convenire", es decir, que la idea originaria debe convenir con lo que se pretende representar.

Y para mí, los bocetos o anotaciones que hace RCR al acometer un nuevo trabajo arquitectónico no dejan de ser la plasmación de sus *ideatum*, y están muy cerca del método desarrollado por los miembros de la Escuela de Olot de dejarse imbuir, o dejarse llevar por el lugar, el espacio, el medio donde debe ubicarse su arquitectura, de manera que los factores envolventes sean tan importantes como su mismo proyecto arquitectónico, o mejor, que sus construcciones lleguen a formar parte de este escenario, sin rupturas o confrontaciones formales, volumétricas, cromáticas, texturales, buscando una cohabitación.

Estas aguadas, sutiles y a la vez intensas, reforzadas por trazos de grafito, son producto de reflexiones formales y también ensayos que les ayudan a definir sus proyectos. Son formas líquidas, garabatos, signos o grafías que les llevan del caos al orden, de la lluvia de ideas a la concreción. Y si a posteriori confrontamos estos esquemas pictóricos de raíz abstracta con los edificios construidos, constataremos que en su composición y disposición ya está latente su arquitectura.

Pero esta observación no pretende minimizar este trabajo. Al contrario. Si seguimos las tesis defendidas por el crítico Michael Craig-Martin (Dublín, 1941) veremos que los dibujos que forman parte del proceso proyectual en pintura y arquitectura son fundamentales en el desarrollo de la creación artística, y por ello no son partes auxiliares, ni secundarias, ni más modestas. Además, si analizamos atentamente estas obras de RCR, percibiremos con facilidad que se caracterizan por su naturalidad, por su voluntad de experimentación, porque sus autores son directos y buscan la simplicidad, la abreviación, la expresividad, la inmediatez y exploran al máximo las posibilidades entre la fragmentación y la agregación, porque son auténticas *"operas apertas"*, en el sentido que propugnó Umberto Eco (Alessandria, Italia, 1932–Milán, Italia, 2016).

Sin embargo, no sólo se presentan aquí estas aguadas que no dejan de ser los *ideatums* de las obras arquitectónicas de RCR. También encontramos series que, conceptualmente, no podemos definir como *ideatums*, porque en realidad son ejercicios plásticos con entidad propia, reflexiones ajenas a su arquitectura, a pesar de que más tarde puedan formar parte de ella.

Se trata, pues, de un conjunto que aunque, en cierta medida, esté estrechamente relacionado con su arquitectura, en su vertiente artística es válido por sí mismo, porque, a lo largo de los años, el grupo de Olot ha ido formulando una escritura que no podemos calificar de oriental, pero que, como hacen las culturas asiáticas y las árabes, potencia más lo sígnico que lo fonético y atiende más a la belleza del gesto dibujado que al deseo de circunscribir las formas a unos sonidos o a una determinación fonética. En efecto, el lenguaje de RCR es libre, como su misma aplicación, porque tanto su génesis como su evolución los encontramos en sus pinturas y en sus edificios construidos, que son a su vez signos y símbolos, formas integradas en su contexto y que no renuncian a la elegancia, a la belleza y a la sencillez.

Por todo ello, para analizar a fondo estas obras, creo que existen dos fórmulas: una, hacerlo desde el gestualismo abstracto, otra, desde la psicología de la forma. La primera porque el gestualismo que parte de las teorías surrealistas aceptó la idea del arte como creación espontánea, por lo que cada obra nos presenta un instante intenso de la vida del artista. Y precisamente este procedimiento es el practicado por RCR. Por su parte, la psicología de la forma trata de analizar el porqué y el para qué de cada uno de los elementos que integran el todo. Y, como he dicho, las aguadas de los RCR articulan las más variadas figuras geométricas para definir su proyecto, un todo.

Mientras estoy escribiendo este texto, se presenta en el Museo Guggenheim de Bilbao una exposición del mítico poeta y pintor Henri Michaux

(Namur, Bélgica, 1899–París, Francia, 1984), quien exploró las profundidades del subconsciente a través de los signos, los borrones, los garabatos y las figuras esquemáticas de unos seres imaginados o intuidos que aparecen en su obra. Michaux descubrió los caminos por los que iría su pintura analizando a fondo la obra de Paul Klee, pero llevándola a extremos más radicales y cargados de tensión psíquica y física. Porque, en realidad, no pretendía representar algo en su pintura, sino provocar que surgieran otros mundos posibles procedentes del consciente o del inconsciente. Y es aquí donde veo concomitancias entre la obra de Michaux y la de RCR, partiendo de métodos distintos y usando procedimientos también distintos, consiguen unos resultados para mí similares, unas líneas de tinta o lápiz o unas manchas diluidas que se transforman en signos vivaces, que nos hablan a través de lo caligráfico y de los ritmos casi musicales que generan.

Este trabajo de RCR también me recuerda a las formas del arte japonés, ya sea en sus elegantes componentes esencialmente caligráficas, o en el uso de composiciones abstractas como las realizadas en su momento por el colectivo de artistas japoneses conocido como Gutai (1954–1972), en especial sus *action painting*.

Pero si tratamos de buscar paralelismos entre el arte del siglo XX y las obras de RCR, sin lugar a dudas, éstas están más cerca de la llamada abstracción lírica de Jean Fautrier (París, Francia, 1898–Châtenay-Malabry, Francia, 1964), Wols (seudónimo de Alfred Otto Wolfgang Schulze, Berlín, Alemania, 1913–París, Francia, 1951), Georges Mathieu (Boulogne-sur-Mer, Francia, 1921–2012), Jackson Pollock (Cody, EUA, 1912–Springs, EUA, 1956), Willem de Kooning (Rotterdam, Holanda, 1904–Long Island, EUA 1997) o Arshile Gorky (Khorkom, Armenia, 1904–Sherman, EUA, 1948). Incluso son más próximas a las obras de Jean Dubuffet (Le Havre, Francia, 1901–París, Francia, 1985), del grupo CoBrA (1948–1951) o de Antoni Tàpies (Barcelona, 1923–2012) y Antonio Saura (Huesca, España, 1930–Cuenca, España, 1998). Porque el grupo de Olot, como todos estos pintores, se alejan de la figuración tradicional o de cualquier idea de abstracción geométrica y utilizan en sus obras formas libres y expansivas. Lo que puede comprobarse ante las aguadas que integran esta exposición, que obligan al ojo humano a escudriñar los distintos elementos que las componen, sus colores, configuraciones, la forma y el fondo de cada obra hasta vislumbrar las estructuras que han resultado del enérgico movimiento de la muñeca, hasta del brazo, que une la actividad del cerebro y la experiencia física de su exteriorización.

De todos modos, más allá de estos referentes, me resulta ineludible citar a dos pintores catalanes, a los que considero estrechamente relacionados con RCR, incluso me atrevería a definirlos como unos modelos a seguir, seguramente por su proximidad intelectual y sensorial. Me refiero a Albert Ràfols-Casamada (Barcelona, 1923–2009) y a Joan Miró (Barcelona, 1893–Palma, Mallorca, 1983). El primero porque era un maestro en el arte de la pincelada, de la gradación tonal, de moverse entre lo real y lo ficticio, un mundo que también dominan los de Olot, con la salvedad de que en Ràfols Casamada lo arquitectónico (ya fueran ventanas, puertas, edificios o paisajes) era el punto de partida hacia un proceso de desfiguración que concluía en una conjunción armónica de los componentes del cuadro y, por lo general, en los RCR el momento de la construcción es el final del recorrido.

El caso de Joan Miró merece un punto y aparte, porque las coincidencias son mayores, aun sin hablar en concreto de arquitectura. Puesto que en ambos casos hay una identificación con el paisaje que les rodea, en primera instancia el suyo propio, pero siendo capaces de empatizar y asumir otros entornos. Igualmente, Miró, tan vinculado a las ideas de lo telúrico y lo cósmico, siempre quiso pintar el universo con los pies en el suelo y la visión al infinito, al firmamento, una aspiración que hacen suya los RCR que, a su vez, como Miró, eluden hacer en sus pinturas cualquier alusión a la realidad para centrarse en potenciar la tensión, el dinamismo, en mostrar una voluntad de expansión y todo ello sin ninguna reserva mental, sensorial o física.

"Proyecto es lo que alguien piensa llevar a cabo y lo que puede dar sentido a sus acciones. La creatividad se convierte en instrumento para realizarlo: buscar la belleza debe ser el objetivo y la satisfacción, la consecuencia", manifestaron los RCR. Y según esta máxima, la creatividad se halla en

todas las fases de la concepción de la obra. Una sigue a la otra. Cada una se interrelaciona con las anteriores y las posteriores, pero cada fase tiene su autonomía. Y es en la primera conceptualización, la de las pinturas y dibujos, que laten los elementos más esenciales del proyecto arquitectónico.

En efecto, si miramos cada una de estas obras aisladamente, comprobaremos que esta independencia es real. Son plásticamente rotundas, no hay en ellas atisbo de vacilación, todo está muy estudiado: su ordenación, su ritmo, las concentraciones o las expansiones, las ondulaciones, las formas abiertas y las formas cerradas, incluso el grosor del papel de hilo, las tintas aguadas, la gradación cromática, las pulsiones del pincel o del grafito, pero, asimismo, veremos que contienen toda la fuerza de una idea inicial que puede evolucionar pero que ya asienta los patrones proyectuales que se explorarán.

Para alguien que desconozca la obra construida de RCR resultará difícil distinguir los capítulos correspondientes a las obras-*ideatum* y a las obras-especulativas, pero hay matices relevantes. Las series respiran predisposición experimental, pero son deudoras de los contundentes referentes formales de las que parten. Esto se aprecia en las dedicadas a Chillida, de cuidadosa articulación; a Venecia, que surge de una planimetría de la ciudad; a la Biología, en la que se hacen presentes infinitas articulaciones, como las de la naturaleza misma, o a Soulages, directamente derivada de los austeros ritmos compositivos del pintor francés. Algo similar ocurre con las obras inspiradas por Japón, Muraba, México, la Casa Batlló de Gaudí, un paisaje o las algas, series que, en su conjunto, calificaría de turbulentas en sus formas e intensas en sus colores, y que, como en las anteriores aguadas comentadas, desarrollan sin complejos y gusto unos temas tratados más como un estímulo plástico que como una idea proyectual.

En cambio, las obras relacionadas con sus proyectos arquitectónicos, aun siendo realizadas con las mismas caligrafías y usando la misma gama de colores, son más desinhibidas, seguramente porque, como afirmó su admirado Joan Miró: "Los dibujos que a veces hago antes de algunas pinturas son documentos íntimos, por decirlo de algún modo, que me ayudan a conseguir una desnudez formal y absoluta y alcanzar así la auténtica expresión del espíritu".

Y a pesar de ello, en uno y otro caso, la libertad expresiva de RCR, estimulada por su imaginación,

configura unas pinturas que, por sí mismas, son obras de arte.

....

The advent of computer technology has ended up diminishing —indeed, almost eliminating— the most representative procedures of the architectural discipline, which had already seen themselves reduced by the developments of the Renaissance. There is a narrow margin left to creativity nowadays, and floor plans, elevations, or sections, whether drawn in the East or in the West, are likely to turn out the same. At most, technical drawings are accompanied by discreet sketches, to which only secondary importance is given.

Fortunately, there are always exceptions. And such is the case of the contribution of RCR, a team of architects that has managed to create a conceptually and formally different kind of architecture. It is no surprise that they have received some of the highest distinctions in the field of architecture, including the Pritzker Prize.

It has been observed repeatedly that their architecture combines well with landscape, that is, with a specific landscape, which they never modify by means of vegetation or a morphology that may ring false. This may have something to do with where they are from. The surroundings of the town of Olot, in the *comarca* of Garrotxa in the foothills of the Pyrenees, are imbued with a potent sense of landscape. In answer to a journalist's question, the team of RCR explained: "Being here and feeling everything that surrounds us makes us understand, exist, and see in a certain way. We have a direct relation to the topography, the vegetation, the most basic construction of materiality." And I have no doubt that this is indeed the case.

For no one can remain indifferent to this natural environment. In fact, in the nineteenth century it fostered the so-called School of Olot, a group of painters who treated with utter stylistic and technical freedom this particular portion of the Catalan landscape. Made up of painters born in the region as well as others, including Joaquim Vayreda (Girona, 1843–Olot, 1894), Ramon Martí Alsina

(Barcelona, 1826–1894), Enric Galwey (Barcelona, 1864–1931), Joan Brull (Barcelona, 1863–1912), Ramon Casas (Barcelona, 1866–1932), and Santiago Rusiñol (Barcelona, 1861–Aranjuez, 1931), the group dispensed with the prevailing romantic naturalism to depict the mountains, rivers, groves, and pools of the region in a very special way, making light and nuances of color the true protagonists of its work in oil. As I understand it, it was precisely a willingness to be overwhelmed by natural phenomena that created the School of Olot, and the members of RCR have brought this up to date in their own way.

This is because at the root of their philosophy is what we call the *ideatum*, the starting point of the constructive process. The term is not uncommon in the field of philosophy, used for example by St. Thomas Aquinas to refer to the mental conception of something potential and by Baruch Spinoza, who in his *Ethics* affirmed that "*idea vera debet cum suo ideato convenire,*" which is to say, that the original idea must agree with what it seeks to represent.

In my view, the sketches and annotations made by the members of RCR when they undertake a new architectural project are no less than the formulation of their *ideatum*, and they find themselves very close to the method developed by the members of the School of Olot, as they allow themselves to be imbued with —to be carried away by— the place, the space, the milieu, where their architecture is to be realized, so that the contextual factors are as important as the architectural design itself. More precisely, their constructions come to constitute a part of the setting, without formal, volumetric, chromatic, or textural ruptures or confrontations, in a quest for cohabitation.

These gouaches, at once subtle and intense, enhanced by pencil strokes, are the result of reflections on form and at the same time trials that help them to define their designs. They are liquid forms, scribbles, doodles, or signs that carry their authors from chaos to order, from the flood of ideas to concretion. If *a posteriori* we compare these basically abstract pictorial schemata with the constructed buildings, we find that the architecture of the latter is latent within the composition and arrangement of the former.

But this observation is not intended to minimize the work. On the contrary. If we attend to the theses defended by the critic Michael Craig-Martin (Dublin, 1941), we can see that the drawings that are part of the design process in painting and architecture are fundamental to the artistic creation: neither auxiliary nor secondary nor in any way more modest. Moreover, a careful analysis of these works by RCR shows that they are characterized by their naturalness, their experimental impulse, their directness and simplicity, as their authors seek concision, expressiveness, and immediacy, fully exploring the possibilities of fragmentation and aggregation, They are genuine "*operas apertas*" in the sense proposed by Umberto Eco (Alessandria, Italy, 1932–Milan, Italy, 2016).

Nevertheless, not only the gouaches —which remain the *ideata* of the architectural works of RCR— are presented here. We also find some series which cannot be defined conceptually as *ideata*, since in fact they are plastic exercises in their own right, reflections alien to their authors' architecture, although they may later become part of it.

Although these works are to some extent closely related to the architecture, they are valid in themselves as artistic creations. Over the years, the group from Olot has formulated a writing which, though it may not necessarily be described as oriental, places greater emphasis, as do Asian and Arabic cultures, on the sign than on the phoneme, lavishing more care on the beauty of the drawn gesture than on any desire to circumscribe forms within a given sound or phonetic framework. In effect, the language of RCR is free, like its application itself, for we find both its genesis and its evolution in their paintings and their constructed buildings, which are at once sign and symbol, forms integrated with their context, and renounce neither elegance, nor beauty, nor simplicity.

I believe there are two formulas, therefore, by which to analyze these works in depth: one from the standpoint of abstract gesture and another from that of the psychology of form. In the former case, we may recall that the gestural approach derived from surrealist theories accepts the idea of art as spontaneous creation, whereby each work presents us with an intense instant of the artist's life. It is precisely this procedure that is practiced by the members of RCR. The psychology of form, on the other hand, seeks to analyze the why and wherefore of each one of the elements making up the whole. As I have observed, RCR's gouaches articulate the most varied geometrical figures in order to define the design, which constitutes a whole.

As I am writing this text, there is an exhibition at the Guggenheim Museum in Bilbao of the work of the legendary Belgian poet and painter Henri Michaux (Namur, Belgium, 1899–Paris, France, 1984), who explored the depths of the subconscious through the signs, erasures, scribbles, and schematic shapes of imagined or intuited beings that appear in his work. Michaux discovered the paths his painting would take by closely studying the work of Paul Klee, which he carried however to more radical extremes, charged with psychic and physical tension. He did not really seek to represent anything in his painting, but rather to cause other possible worlds to emerge from out of conscious or unconscious states. This is where I see a certain convergence between the work of Michaux and that of RCR. Starting from different methods and using different procedures, they achieve similar results: ink or pencil lines, or diluted blots transformed into living signs, which speak to us through the calligraphic forms and almost musical rhythms they generate.

These works of the members of RCR also remind me of the forms of Japanese art, whether in their elegant, essentially calligraphic components, or in their use of abstract compositions, such as those produced by the Japanese collective Gutai (1954–1972), and especially the group's action painting.

An even closer parallelism between twentieth-century art and these works by RCR can doubtless be found in the so-called lyrical abstraction of Jean Fautrier (Paris, France, 1898–Châtenay-Malabry, France, 1964), Wols (pseudonym of Alfred Otto Wolfgang Schulze, Berlin, Germany, 1913–Paris,

France, 1951), Georges Mathieu (Boulogne-sur-Mer, France, 1921–2012), Jackson Pollock (Cody, Wyoming, USA, 1912–Springs, New York, USA, 1956), Willem de Kooning (Rotterdam, Holland, 1904–Long Island, New York, USA, 1997), and Arshile Gorky (Khorgom, Armenia, 1904–Sherman, Connecticut, USA, 1948). And they are closer still to the works of Jean Dubuffet (Le Havre, France, 1901–Paris, France, 1985), of the CoBrA group (1948–1951), or of Antoni Tàpies (Barcelona, 1923–2012) and Antonio Saura (Huesca, Spain, 1930–Cuenca, Spain, 1998). For the group from Olot, like all these painters, having moved away from traditional figuration and from any idea of geometrical abstraction, use free and expressive forms. This is certainly the case of the gouaches in this exhibition, which require the human eye to discern the various elements of which they are composed, their colors and configurations, the form and content of each work, in an attempt to glimpse the structures that result from the energetic movement of the wrist, even of the whole arm, which combines the action of the brain with the physical experience of its exteriorization.

In any case, apart from the painters referred to above, it is impossible not to mention two Catalan painters whom I consider closely related to RCR. I would even go so far as to suggest that they have constituted models to be followed, given their obvious intellectual and sensorial proximity. I am referring to Albert Ràfols-Casamada (Barcelona, 1923–2009) and Joan Miró (Barcelona, 1893–Palma, Majorca, 1983). The first-named was a master of the brushstroke, of tonal gradations, of moving between the real and the imaginary, a world also dominated by the group from Olot, though in the case of Ràfols-Casamada, elements with a relation to architecture (whether windows, doors, buildings, or landscapes) were the starting point in a process of disfiguration that ended in the harmonious conjunction of the components of the painting. For RCR, on the other hand, the moment of construction is generally the end of the process.

The case of Joan Miró deserves a mention apart, since the similarities are even greater, though without any specific reference to architecture. In both cases there is an identification with the surrounding landscape: in the first instance, with one's own surroundings, but including a capacity to empathize with and absorb other environments. Miró, whose work is penetrated by conceptions both telluric and cosmic, always wanted to paint the universe with his feet placed firmly on the ground and his gaze fixed on the firmament, on infinity. This aspiration is shared by the members of RCR, who, like Miró, avoid in their paintings any reference to reality, focusing rather on empowering tension and dynamism, on expressing a will to expansion, all without mental, sensorial, or physical reservations.

In the words of RCR: "Design is what someone plans to carry out and what can give meaning to his or her actions. Creativity becomes a tool for achieving this: the quest for beauty must be the aim, and its satisfaction, the consequence." According to this maxim, creativity is to be found in all the phases of the conception of a work. One follows the other. And each phase is interrelated with earlier and later ones. But each phase also has its autonomy. And it is in the first conceptualization, that of the paintings and drawings, that the most essential elements of the architectural design are latent.

In effect, if we look at each one of these works in isolation, we see that this independence is real. They are full-bodied plastic creations, without a hint of hesitation, in which everything is carefully calculated: the ordering, the rhythm, the concentrations or expansions, the undulations, the open forms and the closed forms, even the thickness of the cotton paper, the inks and gouaches, the chromatic gradations, and the pressure of brush or pencil. But we also see how they contain all the strength of an initial idea that can evolve, although the pattern of the design to be explored has already been established.

For anyone unfamiliar with the constructed work of RCR it will be difficult to distinguish the chapters corresponding to *ideatum*-works from those corresponding to speculative works, but there are some relevant nuances. The series breathe an experimental spirit, but they owe something to the striking formal referents from which they start. This can be appreciated in the ones dedicated to Chillida, so carefully articulated; to Venice, which emerge from a planimetric mapping of the city; to biology, in which infinite articulations, like those of nature herself, are rendered; or to Soulages, derived directly from the austere compositional rhythms of the French painter. Something similar occurs with the works inspired by Japan, Mexico, Gaudí's Casa Batlló, by a landscape, or by algae, a series which could be described as turbulent in its forms and intense in its colors. As in the case of the above-mentioned gouaches, these works are created naturally and with gusto, the themes being handled more as a visual stimuli than as a design ideas.

On the other hand, the works related to the group's architectural designs, although they are created with the same calligraphic technique and the same range of colors, are more uninhibited, doubtless because, as their admired Joan Miró expressed it: "The drawings I sometimes make before certain paintings are personal documents, so to speak, which help me to achieve an absolute formal bareness, and so attain to the authentic expression of the spirit."

And in spite of that, in one case as in the other, the expressive freedom of RCR, stimulated by the imagination, results in paintings that in themselves are works of art.

Rafael Aranda, Carme Pigem y Ramon Vilalta acabaron sus estudios en la Escuela Técnica Superior de Arquitectura del Vallès en el año 1987 y desde 1988 trabajan juntos bajo el nombre de RCR ARQUITECTES en su ciudad natal Olot, con un equipo que han formado a su lado allí. Desde el año 1989 son arquitectos asesores del Parque Natural de la Zona Volcánica de la Garrotxa y han sido profesores de Urbanismo y Arquitectura del Paisaje en la ETSAV (1989–2001), además de miembros del tribunal de Proyectos Fin de Carrera en la ETSAB (2010–2016, Vilalta). También han sido profesores de Proyectos (1992–1999) y pertenecido al tribunal de Proyectos Fin de Carrera en la ETSAV (1995–2004) y de Proyectos (1997–2003). Actualmente, y desde 2008, convocan y dirigen durante el verano el Workshop Internacional RCR en su estudio, ubicado en la sede de la antigua fundición Barberí, desde su estructura de laboratorio RCR LAB·A, fundada en 2017.

Son Premio Pritzker 2017, Premio Nacional de Cultura de Arquitectura de la Generalitat de Catalunya (2005), Chevalier y Officier de l'Ordre des Arts et des Lettres de la República Française (2008 y 2014), Miembros honoríficos por la AIA American Institute of Architecture (2010), Miembros honoríficos por el RIBA Royal Institute of British Architects (2012) y Medalla de Oro de l'Académie d'Architecture Française (2015).

En 2013, crean la fundación RCR BUNKA para estimular la valoración por la arquitectura, el paisaje, las artes y la cultura. Han recibido continuas distinciones a su obra, entre las que destacan el Premio Europeo de Arquitectura: Industria 2017 (Crematorio Hofheide), el Premio de Arquitectura Española Internacional 2015 (Museo Soulages); El Belgian Building Awards 2011; los premios de la Unión Europea Mies van der Rohe, con una obra finalista (Biblioteca Sant Antoni-Joan Oliver en Barcelona), diez Premios FAD; el premio ex aequo en el IV Premio Europeo de Paisaje Rosa Barba (Parque de Piedra Tosca) y la Mención Especial en el Premio Europeo del Espacio Público Urbano 2014 (Espacio público Teatro La Lira). Han ganado diferentes concursos nacionales e internacionales, desde el Faro en Punta Aldea, en el año 1988, pasando por la nueva sede de Meditel, en Casablanca; The Edge Bussiness Bay en Dubái, o el Parque del Camí Comtal y el Edificio Judicial en Barcelona, hasta el más reciente, ex-aequo, por el Museo Mas Miró, en Mont-Roig del Camp.

Han participado en exposiciones internacionales, como el III Salon International de l'Architecture en París (1990); la Bienal de Venecia (2000, 2002, 2006, 2008, 2012, 2014 y 2016); la muestra *On-Site: New Architecture in Spain*, exhibida en el MoMA de Nueva York y en el Real Jardín Botánico de Madrid (2006); la exposición *Global Ends* en la Toto Gallery·Ma de Tokio. Entre sus exposiciones individuales más recientes: *RCR Arquitectes. Creativitat compartida*, en el Palau Robert de Barcelona; *The Intangible Tangible. RCR Arquitectes* en la House of Art de České Budějovice, República Checa; *Papers. RCR Arquitectes* en el centro cultural Arts Santa Mònica de Barcelona, y *RCR Arquitectes. Creatividad compartida*, en el Museo ICO de Madrid y en la I Bienal Internacional de Arquitectura de Euskadi en San Sebastián.

Autores de ensayos y artículos sobre arquitectura y paisaje, destacan libros como *Enquadraments* y *Destellos*. Su obra ha sido ampliamente publicada en libros y revistas especializadas y no especializadas, destacando las monografías de *El Croquis*, *AV* y *A+U*, y el libro *RCR Aranda Pigem Vilalta Arquitectes. Entre la abstracción y la naturaleza*, editado por Gustavo Gili.

Entre sus proyectos y obras destacan el Estadio de Atletismo Tossols Basil en Olot; la Mediateca Waalse Krook en Bélgica; la Facultad de Ciencias Jurídicas en Girona; el edificio de oficinas Plaça Europa 31 en Hospitalet de Llobregat; el nuevo complejo de la Estación de Sants en Barcelona; las Bodegas Bell-lloc en Palamós; el Restaurante, la Carpa y los Pabellones Les Cols en Olot; los Espacios para el Ocio y la Cultura en Riudaura, el Centro de Arte La Cuisine en el castillo de Nègrepelisse; las guarderías El Petit Comte en Besalú y Els Colors en Manlleu; la Escuela del Sol en Font-Romeu.

Rafael Aranda, Carme Pigem, and Ramon Vilalta graduated from the Escola Tècnica Superior d'Arquitectura del Vallès in 1987 and have worked together since 1988 in their hometown of Olot as RCR ARQUITECTES, alongside the team assembled there. Since 1989 they have been consultants in architecture for the Parc Natural de la Zona Volcànica de la Garrotxa and professors of urbanism and landscape architecture at the ETSAV (1989–2001), with Vilalta also on the end-of-studies project panel of the ETSAB (2010–2016). They have also been professors of design (1992–1999) and on the end-of-studies project and project panels of the ETSAV (1995–2004 and 1997–2003). Since 2008, they have organized and led an international summer workshop, now held in the design lab RCR LAB A, founded in 2017, in their studio on the site of the former Barberí iron foundry.

They are recipients of the Pritzker Prize (2017) and the Premi Nacional d'Arquitectura i Espai Públic of the Generalitat de Catalunya (2005), Chevaliers —now Officiers— of the Ordre des Arts et des Lettres in France (2008 and 2014), honorary members of the American Institute of Architecture (2010), honorary members of the Royal Institute of British Architects (2012), and recipients of the Gold Medal of the Académie d'architecture in France (2015).

In 2013 they established the foundation RCR BUNKA to foster the appreciation of architecture, landscape, art, and culture. They have received numerous distinctions for their work, including the 2017 European Architecture Award in the Industry category (Hofheide Crematorium), the Premio de Arquitectura Española Internacional 2015 (Museo Soulages), and the International Prize of the Belgian Building Awards 2011. Their Sant Antoni-Joan Oliver Library in Barcelona was a finalist for the European Union Prize for Contemporary Architecture–Mies van der Rohe Award and they have also received the FAD Award to Architecture ten times, the 4th Rosa Barba European Landscape Award *ex aequo* (Parque de Piedra Tosca), and a special honorable mention of the European Prize for Urban Public Space in 2014 (Teatro La Lira).

They have won various competitions in Spain and abroad, including those held for the lighthouse in Punta Aldea in 1988, the new headquarters of Meditel in Casablanca, The Edge Business Bay in Dubai, the Parc del Camí Comtal and Edificio Judicial in Barcelona, and most recently the Mas Miró museum in Mont-roig del Camp (*ex aequo*).

RCR has participated in numerous international exhibitions, including the 3rd Salon International de l'Architecture in Paris (1990), the Biennale di Venezia (2000, 2002, 2006, 2008, 2012, 2014, and 2016), *On-Site: New Architecture in Spain* at the MoMA in New York and the Real Jardín Botánico in Madrid (2006), and *Global Ends* at the Toto Gallery Ma in Tokyo (2010). Recent solo exhibitions include *Works 1988–98* in Tokyo, *Exfoliaciones* in Spain, *RCR Arquitectes* in Bielefeld, Germany, and Ljubljana, Slovenia, *RCR Arquitectes. Creativitat compartida* at the Palau Robert in Barcelona, *The Intangible Tangible* at the House of Art in České Budějovice in the Czech Republic, *RCR: Papeles* at the Centre d'Art Santa Mònica in Barcelona, and *RCR Arquitectes. Creatividad compartida* at the Museo ICO in Madrid and the 1st Bienal Internacional de Arquitectura de Euskadi in San Sebastián.

In addition to the books *Enquadraments* and *Destellos*, they are authors of numerous articles on architecture and landscape, including monographic issues of *El Croquis*, *AV*, and *A+U*, as well as the book *RCR Aranda Pigem Vilalta Arquitectes. Entre la abstracción y la naturaleza* (Gustavo Gili, 2004).

Other recent projects include the Tossols Basil athletics stadium in Olot, the Waalse Krook mediatheque in Belgium, the Facultad de Ciencias Jurídicas in Girona, the Plaça Europa 31 office building in Hospitalet de Llobregat, the new Sants station complex in Barcelona, the Celler Bell-lloc in Palamós, the Les Cols restaurant and pavilions in Olot, Espacios para el Ocio y la Cultura in Riudaura, the La Cuisine art and design center at the Château de Nègrepelisse, the daycare centers El Petit Comte in Besalú and Els Colors in Manlleu, and the École du Soleil in Font-Romeu.

MIQUEL ADRIÀ (Barcelona, 1956) es arquitecto por la Escuela Técnica Superior de Arquitectura de Barcelona y Doctor en Arquitectura por la Universidad Europea de Madrid. En 1994 se trasladó a México, y desde entonces compagina práctica, docencia y crítica. Su práctica profesional procura dar respuestas a la ciudad desde la arquitectura. Como docente ha impulsado la investigación sobre el potencial de la vivienda básica y como crítico ha publicado más de cuarenta libros sobre arquitectos mexicanos y latinoamericanos, así como numerosos ensayos que han contribuido a la difusión de la arquitectura mexicana contemporánea. Es fundador y director de Arquine y miembro del Sistema Nacional de Creadores del FONCA. Fue curador del pabellón de México en la 13ª Bienal de Arquitectura de Venecia y en la Bienal de Hong Kong-Schenzhen 2013. Es consejero de la Secretaría de Cultura de la Ciudad de México y Director de Maestrías de Arquitectura de CENTRO.

DANIEL GIRALT-MIRACLE (Barcelona, 1944) es crítico e historiador del arte. Es licenciado en Filosofía y Letras por la Universitat de Barcelona (UB) y en Ciencias de la Información por la Universitat Autònoma de Barcelona (UAB) y diplomado en Diseño y Comunicación por la Hochschule für Gestaltung de Ulm de Alemania. Ha sido profesor de la UB y de la UAB y, entre otros cargos, ha sido Director del Museu d'Art Contemporani de Barcelona, Comisario General del Año Internacional Gaudí (2002) y miembro del Comité Ejecutivo del Consell de la Cultura de Barcelona. Actualmente ejerce de comisario independiente y colabora en diversos medios de comunicación, como el diario *La Vanguardia* y la revista *Bonart*. Ha escrito varios libros y ha comisariado más de un centenar de exposiciones de arte, diseño y arquitectura. Ha recibido varios galardones por su trabajo, entre los cuales destacan el Premi Nacional d'Arts Plàstiques de la Generalitat de Catalunya, el Premi Nacional de Cultura de la Generalitat de Catalunya y la Creu de Sant Jordi.

....

MIQUEL ADRIÀ (b. 1956 in Barcelona) graduated as an architect from the Escola Tècnica Superior d'Arquitectura de Barcelona and has a PhD in architecture from the Universidad Europea in Madrid. In 1994 he settled in Mexico, where he has practiced his discipline, taught, and written on architecture. His professional practice seeks to offer responses to urban issues from the standpoint of architecture, while as a teacher he has encouraged research into the potential of basic housing. He is the author of more than forty books on Mexican and Latin American architecture, as well as of numerous essays and articles that have contributed to making contemporary Mexican architecture more widely known. He is the founder and editor of *Arquine* and a member of the Sistema Nacional de Creadores of the FONCA. He curated the Mexican pavilions at the 13th Venice Architecture Biennale in 2012 and the Bi-City Biennale of Urbanism/Architecture in Shenzhen-Hong Kong in 2013. He is on the advisory board of the Secretaría de Cultura in Mexico City and is director of the master's program in architecture at CENTRO.

DANIEL GIRALT-MIRACLE (b. 1944 in Barcelona) is an art historian and critic. He holds undergraduate degrees in the humanities from the Universitat de Barcelona (UB) and in information sciences from the Universitat Autònoma de Barcelona (UAB), as well as a diploma in design and communications from the Hochschule für Gestaltung in Ulm, Germany. He has taught at both the UB and the UAB and has been director of the Museu d'Art Contemporani de Barcelona, general curator of the Año Internacional Gaudí (2002), and a member of the Executive Committee of the Consell de la Cultura de Barcelona. He currently works as an independent curator and contributes to publications such as the newspaper *La Vanguardia* and the magazine *Bonart*. He is the author of several books and has curated more than a hundred art, design, and architecture exhibitions. He is the recipient of several awards and distinctions for his work, including the Premi Nacional d'Arts Plàstiques de la Generalitat de Catalunya, the Premi Nacional de Cultura de la Generalitat de Catalunya, and the Creu de Sant Jordi.

SERIES

···

SERIES

001
Sin título ∶ Untitled, Serie *Chillida*, 2001
Aguada a la tinta y lápiz sobre papel Canson
Geler Mate 190 g/m² ∶ Gouache with ink and
pencil on Canson Geler Mate paper 190 g/m²
23 × 32.5 cm
Serie 1, Febrero ∶ February 2001

002
Sin título ∶ Untitled, Serie *Chillida*, 2001
Aguada a la tinta y lápiz sobre papel Canson
Geler Mate 190 g/m² ∶ Gouache with ink and
pencil on Canson Geler Mate paper 190 g/m²
23 × 32.5 cm
Serie 1, Febrero ∶ February 2001

003
Sin título ∶ Untitled, Serie *Chillida*, 2001
Aguada a la tinta y lápiz sobre papel Canson
Geler Mate 190 g/m² ∶ Gouache with ink and
pencil on Canson Geler Mate paper 190 g/m²
23 × 32.5 cm
Serie 1, Febrero ∶ February 2001
Colección Papers ∶ Papers Collection

004
Sin título ∶ Untitled, Serie *Chillida*, 2001
Aguada a la tinta y lápiz sobre papel Canson
Geler Mate 190 g/m² ∶ Gouache with ink and
pencil on Canson Geler Mate paper 190 g/m²
23 × 32.5 cm
Serie 1, Febrero ∶ February 2001

005
Sin título ∶ Untitled, Serie *Soulages*, 2001
Aguada a la tinta y lápiz sobre papel Canson
Geler Mate 190 g/m² ∶ Gouache with ink and
pencil on Canson Geler Mate paper 190 g/m²
23 × 32.5 cm
Serie 1, Octubre ∶ October 2001

006
Sin título ∶ Untitled, Serie *Soulages*, 2001
Aguada a la tinta y lápiz sobre papel Canson
Geler Mate 190 g/m² ∶ Gouache with ink and
pencil on Canson Geler Mate paper 190 g/m²
23 × 32.5 cm
Serie 1, Octubre ∶ October 2001

007
Sin título ∶ Untitled, Serie *Soulages*, 2001
Aguada a la tinta y lápiz sobre papel Canson
Geler Mate 190 g/m² ∶ Gouache with ink and
pencil on Canson Geler Mate paper 190 g/m²
23 × 32.5 cm
Serie 1, Octubre ∶ October 2001

008
Sin título ∶ Untitled, Serie *Soulages*, 2001
Aguada a la tinta y lápiz sobre papel Canson
Geler Mate 190 g/m² ∶ Gouache with ink and
pencil on Canson Geler Mate paper 190 g/m²
23 × 32.5 cm
Serie 1, Octubre ∶ October 2001

009
Sin título ∶ Untitled, Serie *Venecia*, 2001
Aguada a la tinta y lápiz sobre papel Canson
Geler Mate 190 g/m² ∶ Gouache with ink and
pencil on Canson Geler Mate paper 190 g/m²
23 × 32.5 cm
Serie 1, Noviembre ∶ November 2001
Colección Papers ∶ Papers Collection

010
Sin título ∶ Untitled, Serie *Venecia*, 2001
Aguada a la tinta y lápiz sobre papel Canson
Geler Mate 190 g/m² ∶ Gouache with ink and
pencil on Canson Geler Mate paper 190 g/m²
23 × 32.5 cm
Serie 1, Noviembre ∶ November 2001
Colección Papers ∶ Papers Collection

011
Sin título ∶ Untitled, Serie *Venecia*, 2001
Aguada a la tinta y lápiz sobre papel Canson
Geler Mate 190 g/m² ∶ Gouache with ink and
pencil on Canson Geler Mate paper 190 g/m²
23 × 32.5 cm
Serie 1, Noviembre ∶ November 2001
Colección Papers ∶ Papers Collection

012
Sin título ∶ Untitled, Serie *Venecia*, 2001
Aguada a la tinta y lápiz sobre papel Canson
Geler Mate 190 g/m² ∶ Gouache with ink and
pencil on Canson Geler Mate paper 190 g/m²
23 × 32.5 cm
Serie 1, Noviembre ∶ November 2001
Colección Papers ∶ Papers Collection

013
Sin título ∶ Untitled, Serie *Biología*, 2003
Aguada a la tinta sobre papel Canson
Imagine 200 g/m² ∶ Gouache with ink on
Canson Imagine paper 200 g/m²
35 × 50 cm
Serie 2, Febrero ∶ February 2003

014
Sin título ∶ Untitled, Serie *Biología*, 2003
Aguada a la tinta sobre papel Canson
Imagine 200 g/m² ∶ Gouache with ink on
Canson Imagine paper 200 g/m²
35 × 50 cm
Serie 2, Febrero ∶ February 2003

015
Sin título ∶ Untitled, Serie *Biología*, 2003
Aguada a la tinta sobre papel Canson
Imagine 200 g/m² ∶ Gouache with ink on
Canson Imagine paper 200 g/m²
35 × 50 cm
Serie 2, Febrero ∶ February 2003

016
Sin título ∶ Untitled, Serie *Biología*, 2003
Aguada a la tinta sobre papel Canson
Imagine 200 g/m² ∶ Gouache with ink on
Canson Imagine paper 200 g/m²
35 × 50 cm
Serie 2, Febrero ∶ February 2003

ESBOZOS

···

SKETCHES

017
L'espai fluvial i el lleure. Olot, Girona, España
(Plan especial ∶ General Plan), 1989
Aguada a la tinta y lápiz sobre papel Canson
Imagine 200 g/m² ∶ Gouache with ink and
pencil on Canson Imagine paper 200 g/m²
34 × 73 cm
Serie 1, 1989

018
Estadio de Atletismo Tossols Basil. Olot,
Girona, España, 1991–2012
Aguada a la tinta y lápiz sobre papel Canson
Geler Mate 190 g/m² ∶ Gouache with ink and
pencil on Canson Geler Mate paper 190 g/m²
23 × 32.5 cm
Serie 3, Diciembre ∶ December 2002

019
Estadio de Atletismo Tossols Basil. Olot,
Girona, España, 1991–2012
Aguada a la tinta sobre papel Canson Geler
Mate 190 g/m² ∶ Gouache with ink and pencil
on Canson Geler Mate paper 190 g/m²
23 × 32.5 cm
Serie 1, Octubre ∶ October 2001

020
Estadio de Atletismo Tossols Basil. Olot,
Girona, España, 1991–2012
Aguada a la tinta sobre papel Canson Geler
Mate 190 g/m² ∶ Gouache with ink and pencil
on Canson Geler Mate paper 190 g/m²
23 × 32.5 cm
Serie 1, Octubre ∶ October 2001

021
Estadio de Atletismo Tossols Basil. Olot,
Girona, España, 1991–2012
Aguada a la tinta sobre papel Canson Geler
Mate 190 g/m² ∶ Gouache with ink and pencil
on Canson Geler Mate paper 190 g/m²
23 × 32.5 cm
Serie 2, Octubre ∶ October 2001

022
Casa Mirador. Olot, Girona, España,
1994–1999
Aguada a la tinta sobre papel Canson Geler
Mate 190 g/m² ⫶ Gouache with ink and pencil
on Canson Geler Mate paper 190 g/m²
23 × 32.5 cm
Serie 2, Septiembre ⫶ September 2001

023
Espacios para el ocio y la cultura. Ridaura,
Girona, España, 1994–1999
Aguada a la tinta y lápiz sobre papel Canson
Imagine 200 g/m² ⫶ Gouache with ink and
pencil on Canson Imagine paper 200 g/m²
21 × 29.7 cm
Serie 1, 2002

024
Pabellón de Baño Tossols Basil. Olot, Girona,
España, 1995–1998
Aguada a la tinta y lápiz sobre papel Canson
Imagine 200 g/m² ⫶ Gouache with ink and
pencil on Canson Imagine paper 200 g/m²
21 × 29.7 cm
Serie 1, 1995

025
*Centro de Actividades vulcanológicas Can
Passavent*. Volcán Croscat, Parque Natural de
la Zona Volcánica de la Garrotxa, Santa Pau,
Girona, España, 1995
Aguada a la tinta y lápiz sobre papel Canson
Geler Mate 190 g/m² ⫶ Gouache with ink and
pencil on Canson Geler Mate paper 190 g/m²
23 × 32.5 cm
Serie 1, Marzo ⫶ March 2001

026
*Centro de Actividades vulcanológicas Can
Passavent*. Volcán Croscat, Parque Natural de
la Zona Volcánica de la Garrotxa, Santa Pau,
Girona, España, 1995
Aguada a la tinta y lápiz sobre papel Canson
Geler Mate 190 g/m² ⫶ Gouache with ink and
pencil on Canson Geler Mate paper 190 g/m²
23 × 32.5 cm
Serie 1, Marzo ⫶ March 2001

027
IES Vilartagues. Sant Feliu de Guíxols, Girona,
España, 1995–1999
Aguada a la tinta y lápiz sobre papel Canson
Geler Mate 190 g/m² ⫶ Gouache with ink and
pencil on Canson Geler Mate paper 190 g/m²
23 × 32.5 cm
Serie 2, Marzo ⫶ March 2001

028
IES Vilartagues. Sant Feliu de Guíxols, Girona,
España, 1995–1999
Aguada a la tinta y lápiz sobre papel Canson
Geler Mate 190 g/m² ⫶ Gouache with ink and
pencil on Canson Geler Mate paper 190 g/m²
23 × 32.5 cm
Serie 2, Marzo ⫶ March 2001

029
Casa para un herrero y una peluquera.
La Canya, Girona, España, 1996–2000
Aguada a la tinta y lápiz sobre papel Canson
Imagine 200 g/m² ⫶ Gouache with ink and
pencil on Canson Imagine paper 200 g/m²
23 × 32.5 cm
Serie 2, Marzo ⫶ March 2003

030
Casa para un herrero y una peluquera.
La Canya, Girona, España, 1996–2000
Aguada a la tinta y lápiz sobre papel Canson
Imagine 200 g/m² ⫶ Gouache with ink and
pencil on Canson Imagine paper 200 g/m²
23 × 32.5 cm
Serie 1, Marzo ⫶ March 2003

031
Esfera de luz. Puerto de Palamòs, Girona,
España, 1996–2000
Aguada a la tinta y lápiz sobre papel Canson
Geler Mate 190 g/m² ⫶ Gouache with ink and
pencil on Canson Geler Mate paper 190 g/m²
23 × 32.5 cm
Serie 1, 2002

032
Parque de Pedra Tosca. Les Preses, Girona,
España, 1997–2004
Aguada a la tinta sobre papel Canson Geler
Mate 190 g/m² ⫶ Gouache with ink on Canson
Geler Mate paper 190 g/m²
23 × 32.5 cm
Serie 2, Octubre ⫶ October 2001

033
Parque de Pedra Tosca. Les Preses, Girona,
España, 1997–2004
Aguada a la tinta sobre papel Canson Geler
Mate 190 g/m² ⫶ Gouache with ink on Canson
Geler Mate paper 190 g/m²
23 × 32.5 cm
Serie 2, Octubre ⫶ October 2001

034
Parque de Pedra Tosca. Les Preses, Girona,
España, 1997–2004
Aguada a la tinta sobre papel blanco 80 g/m²
⫶ Gouache with ink on white paper 80 g/m²
21 × 29.7 cm
Serie 7, 1999

035
Parque de Pedra Tosca. Les Preses, Girona,
España, 1997–2004
Aguada a la tinta sobre papel Canson Geler
Mate 190 g/m² ⫶ Gouache with ink on Canson
Geler Mate paper 190 g/m²
23 × 32.5 cm
Serie 3, 1999

036
Parque de Pedra Tosca. Les Preses, Girona,
España, 1997–2004
Aguada a la tinta sobre papel Canson
Imagine 200 g/m² ⫶ Gouache with ink on
Canson Imagine paper 200 g/m²
34 × 36.5 cm
Serie 1, Octubre ⫶ October 2001

037
Centro de Esclerosis Múltiple. Camprodon,
Girona, España, 1999
Aguada a la tinta sobre papel Canson Geler
Mate 190 g/m² ⫶ Gouache with ink on Canson
Geler Mate paper 190 g/m²
23 × 32.5 cm
Serie 1, Octubre ⫶ October 2001

038
Dos casas para dos hermanos. Begur, Girona,
España, 1998–2000
Aguada a la tinta y lápiz sobre papel Canson
Geler Mate 190 g/m² ⫶ Gouache with ink and
pencil on Canson Geler Mate paper 190 g/m²
23 × 32.5 cm
Serie 1, Abril ⫶ April 2001

039
Parque de la Arboleda. Begur, Girona, España,
1998–2005
Aguada a la tinta sobre papel Caballo 109A
200 g/m² ⫶ Gouache with ink on Caballo 109A
paper 200 g/m²
35.5 × 50 cm
Serie 2, Marzo ⫶ March 2003

040
Pabellón 2×1 del Tossols Basil. Olot, Girona,
España, 1999–2009
Aguada a la tinta sobre papel Canson
Imagine 200 g/m² ⫶ Gouache with ink on
Canson Imagine paper 200 g/m²
36.5 × 101.5 cm
Serie 1, 1999
Colección privada ⫶ Private collection

041
Casa Horizonte. La Vall de Bianya, Girona,
España, 2000–2007
Aguada a la tinta y lápiz sobre papel Canson
Imagine 200 g/m² ⫶ Gouache with ink and
pencil on Canson Imagine paper 200 g/m²
23 × 32.5 cm
Serie 1, Marzo ⫶ March 2003
Colección MoMA, Nueva York, Estados
Unidos ⫶ MoMA Collection, New York, United
States

042
Casa Horizonte. La Vall de Bianya, Girona,
España, 2000–2007
Aguada a la tinta y lápiz sobre papel Canson
Imagine 200 g/m² ⫶ Gouache with ink and
pencil on Canson Imagine paper 200 g/m²
23 × 32.5 cm
Serie 1, Marzo ⫶ March 2003
Colección MoMA, Nueva York, Estados
Unidos ⫶ MoMA Collection, New York, United
States

043
Casa Cuca de Ilum. Olot, Girona, España, 2001-2004
Aguada a la tinta y lápiz sobre papel Canson Geler Mate 190 g/m² ⋮ Gouache with ink and pencil on Canson Geler Mate paper 190 g/m²
23 × 32.5 cm
Serie 1, 2003

044
Casa Entre dos muros. Jaca, Huesca, España, 2001-
Aguada a la tinta y lápiz sobre papel Canson Geler Mate 190 g/m² Gouache with ink and pencil on Canson Geler Mate paper 190 g/m²
23 × 32.5 cm
Serie 1, 2003

045
Puerta volcánica. Corredor fluvial entre Montagut y Castellfollit de la Roca, Girona, España, 2001
Aguada a la tinta y lápiz sobre papel Canson Geler Mate 190 g/m² ⋮ Gouache with ink and pencil on Canson Geler Mate paper 190 g/m²
23 × 32.5 cm
Serie 1, Marzo ⋮ March 2003

046
Alberca en La Vila de Trinchería. La Vall de Bianya, Girona, España, 2001-2003
Aguada a la tinta y lápiz sobre papel Canson Geler Mate 190 g/m² ⋮ Gouache with ink and pencil on Canson Geler Mate paper 190 g/m²
23 × 32.5 cm
Serie 1, Mayo ⋮ May 2003

047
Pabellón de descanso. Zona Volcánica de la Garrotxa, Girona, España, 2002
Aguada a la tinta sobre papel Caballo 109A 200 g/m² ⋮ Gouache with ink on Caballo 109A paper 200 g/m²
36 × 204 cm
Serie 3, 2003

048
Pabellón de descanso. Zona Volcánica de la Garrotxa, Girona, España, 2002
Aguada a la tinta y lápiz sobre papel Canson Geler Mate 190 g/m² ⋮ Gouache ink and pencil on Canson Geler Mate paper 190 g/m²
23 × 32.5 cm
Serie 2, 2003

049
Parque de la Nova Mar Bella. Barcelona, España, 2001-2002
Aguada a la tinta y lápiz sobre papel Canson Geler Mate 190 g/m² ⋮ Gouache with ink and pencil on Canson Geler Mate paper 190 g/m²
23 × 32.5 cm
Serie 8, Agosto ⋮ August 2011

050
Parque de la Nova Mar Bella. Barcelona, España, 2001-2002
Aguada a la tinta sobre papel Canson Imagine 200 g/m² ⋮ Gouache with ink on Canson Imagine paper 200 g/m²
36.5 × 51 cm
Serie 1, Noviembre ⋮ November 2001

051
Parque de la Nova Mar Bella. Barcelona, España, 2001-2002
Aguada a la tinta y lápiz sobre papel Canson Geler Mate 190 g/m² ⋮ Gouache with ink and pencil on Canson Geler Mate paper 190 g/m²
23 × 32.5 cm
Serie 8, Agosto ⋮ August 2011

052
Piscina cubierta. Manlleu, Barcelona, España, 2001-2006
Aguada a la tinta sobre papel Canson Geler Mate 190 g/m² ⋮ Gouache with ink on Canson Geler Mate paper 190 g/m²
32.5 × 46 cm
Serie 2, 2007

053
Pabellón en el estanque. Llagostera, Girona, España, 2001-2008
Aguada a la tinta sobre papel Canson Imagine 200 g/m² ⋮ Gouache with ink on Canson Imagine paper 200 g/m²
25 × 70 cm
Serie 1, Julio ⋮ July 2005

054
Restaurante Les Cols. Olot, Girona, España, 2001-2002
Aguada a la tinta y lápiz sobre papel Canson Geler Mate 190 g/m² ⋮ Gouache with ink and pencil on Canson Geler Mate paper 190 g/m²
23 × 32.5 cm
Serie 2, Noviembre ⋮ November 2013
Colección Papers ⋮ Papers Collection

055
Restaurante Les Cols. Olot, Girona, España, 2001-2002
Aguada a la tinta sobre papel Canson Geler Mate 190 g/m² ⋮ Gouache with ink on Canson Geler Mate paper 190 g/m²
23 × 32.5 cm
Serie 2, Noviembre ⋮ November 2013

056
Pabellones Les Cols. Olot, Girona, España, 2002-2005
Aguada a la tinta y lápiz sobre papel Canson Geler Mate 190 g/m² ⋮ Gouache with ink and pencil on Canson Geler Mate paper 190 g/m²
23 × 32.5 cm
Serie 1, 2003

057
Pabellones Les Cols. Olot, Girona, España, 2002-2005
Aguada a la tinta y lápiz sobre papel Canson Geler Mate 190 g/m² ⋮ Gouache with ink and pencil on Canson Geler Mate paper 190 g/m²
23 × 32.5 cm
Serie 1, 2003

058
Pabellones Les Cols. Olot, Girona, España, 2002-2005
Aguada a la tinta sobre papel Canson Geler Mate 190 g/m² ⋮ Gouache with ink on Canson Geler Mate paper 190 g/m²
46 × 32.5 cm
Serie 2, 2003

059
Pabellones Les Cols. Olot, Girona, España, 2002-2005
Aguada a la tinta sobre papel Canson Geler Mate 190 g/m² ⋮ Gouache with ink on Canson Geler Mate paper 190 g/m²
46 × 32.5 cm
Serie 2, 2003

060
Espacio urbano volcánico. Olot, Girona, España, 2003-2010
Aguada a la tinta y lápiz sobre papel Canson Geler Mate 190 g/m² ⋮ Gouache with ink and pencil on Canson Geler Mate paper 190 g/m²
23 × 32.5 cm
Serie 3, Agosto ⋮ August 2011

061
Bodegas. Perelada, Girona, España, 2003-
Aguada a la tinta sobre papel Canson Imagine 200 g/m² ⋮ Gouache with ink on Canson Imagine paper 200 g/m²
32.5 × 46 cm
Serie 3, 2007

062
Bodegas. Perelada, Girona, España, 2003-
Aguada a la tinta sobre papel Canson Imagine 200 g/m² ⋮ Gouache with ink on Canson Imagine paper 200 g/m²
23 × 32.5 cm
Serie 1, 2004

063
Bodegas Bell-lloc. Palamòs, Girona, España, 2003-2007
Aguada a la tinta y lápiz sobre papel Canson Geler Mate 190 g/m² ⋮ Gouache with ink and pencil on Canson Geler Mate paper 190 g/m²
23 × 32.5 cm
Serie 1, Marzo ⋮ March 2001

064
Bodegas Bell-lloc. Palamòs, Girona, España, 2003-2007
Aguada a la tinta y lápiz sobre papel Canson Geler Mate 190 g/m² ⋮ Gouache with ink and pencil on Canson Geler Mate paper 190 g/m²
23 × 32.5 cm
Serie 1, Marzo ⋮ March 2001

065
Espacio público Teatro La Lira. Ripoll,
Girona, España, 2003–2011
Aguada a la tinta y lápiz sobre papel Canson
Geler Mate 190 g/m² ⫶ Gouache with ink and
pencil on Canson Geler Mate paper 190 g/m²
23 × 32.5 cm
Serie 3, 2015

066
Espacio público Teatro La Lira. Ripoll,
Girona, España, 2003–2011
Aguada a la tinta y lápiz sobre papel Canson
Geler Mate 190 g/m² ⫶ Gouache with ink and
pencil on Canson Geler Mate paper 190 g/m²
23 × 32.5 cm
Serie 3, 2015

067
Espacio público Teatro La Lira. Ripoll,
Girona, España, 2003–2011
Aguada a la tinta y lápiz sobre papel Canson
Geler Mate 190 g/m² ⫶ Gouache with ink and
pencil on Canson Geler Mate paper 190 g/m²
23 × 32.5 cm
Serie 3, 2015

068
Centro termal y hotel balneario. Caldas de
Reis, Pontevedra, España, 2004–2007
Aguada a la tinta y lápiz sobre papel Canson
Geler Mate 190 g/m² ⫶ Gouache with ink and
pencil on Canson Geler Mate paper 190 g/m²
32.5 × 23 cm
Serie 1, 2004

069
Espacio Barber í. Olot, Girona, España, 2004–
Aguada a la tinta y lápiz sobre papel Canson
Imagine 200 g/m² ⫶ Gouache with ink and
pencil on Canson Imagine paper 200 g/m²
29.7 × 42 cm
Serie 2, Abril ⫶ April 2016

070
Viviendas PGA Golf de Catalunya. Caldes de
Malavella, Girona, España, 2005
Aguada a la tinta y lápiz sobre papel Canson
Geler Mate 190 g/m² ⫶ Gouache with ink and
pencil on Canson Geler Mate paper 190 g/m²
23 × 32.5 cm
Serie 1, 2005

071
Laboratorios Esteve. Sant Cugat del Vallès,
Barcelona, España, 2005
Aguada a la tinta y lápiz sobre papel Canson
Geler Mate 190 g/m² ⫶ Gouache with ink and
pencil on Canson Geler Mate paper 190 g/m²
23 × 32.5 cm
Serie 2, 2005

072
Espacios de sombra Lotus Blau. Santa
Coloma de Farners, Girona, España,
2005–2007
Aguada a la tinta y lápiz sobre papel Canson
Geler Mate 190 g/m² ⫶ Gouache with ink and
pencil on Canson Geler Mate paper 190 g/m²
23 × 32.5 cm
Serie 1, 2004

073
*Centro de creatividad y club residencial
del nuevo campus de ESADE*. San Cugat del
Vallés, Barcelona, España, 2005
Aguada a la tinta sobre papel Canson Geler
Mate 190 g/m² ⫶ Gouache with ink on Canson
Geler Mate paper 190 g/m²
23 × 32.5 cm
Serie 1, 2004

074
Casa Paravent. Pals, Girona, España,
2005–2006
Aguada a la tinta sobre papel Canson
Imagine 200 g/m² ⫶ Gouache with ink on
Canson Imagine paper 200 g/m²
35 × 100 cm
Serie 2, Febrero ⫶ February 2003

075
Casa Paravent. Pals, Girona, España,
2005–2006
Aguada a la tinta y lápiz sobre papel Canson
Geler Mate 190 g/m² ⫶ Gouache with ink and
pencil on Canson Geler Mate paper 190 g/m²
46 × 32.5 cm
Serie 1, Febrero ⫶ February 2003

076
Casa para un fotógrafo. Sant Esteve de
Llémena, Girona, 2006
Aguada a la tinta sobre papel Canson Geler
Mate 190 g/m² ⫶ Gouache with ink on Canson
Geler Mate paper 190 g/m²
32.5 × 46 cm
Serie 1, Marzo ⫶ March 2009

077
Mas Salvà. Palamós, Girona, España,
2006–2009
Aguada a la tinta y lápiz sobre papel Canson
Geler Mate 190 g/m² ⫶ Gouache with ink and
pencil on Canson Geler Mate paper 190 g/m²
23 × 32.5 cm
Serie 1, Septiembre ⫶ September 2011

078
Crematorio. Hofheide, Bélgica, 2006–2013
Aguada a la tinta y lápiz sobre papel Canson
Geler Mate 190 g/m² ⫶ Gouache with ink and
pencil on Canson Geler Mate paper 190 g/m²
23 × 32.5 cm
Serie 2, Marzo ⫶ March 2015
Colección Papers ⫶ Papers Collection

079
Pabellón de acceso al conjunto arqueológico.
Ullastret, Girona, España, 2006–
Aguada a la tinta y lápiz sobre papel Canson
Geler Mate 190 g/m² ⫶ Gouache with ink and
pencil on Canson Geler Mate paper 190 g/m²
23 × 32.5 cm
Serie 1, Mayo ⫶ May 2007

080
Pabellón de acceso al conjunto arqueológico.
Ullastret, Girona, España, 2006–
Aguada a la tinta y lápiz sobre papel Canson
Geler Mate 190 g/m² ⫶ Gouache with ink and
pencil on Canson Geler Mate paper 190 g/m²
23 × 32.5 cm
Serie 1, Mayo ⫶ May 2007

081
Carpa en el Restaurante Les Cols. Olot,
Girona, España, 2007–2011
Impresión y aguada a la tinta sobre papel
blanco 80 g/m² ⫶ Print and gouache with ink
on white paper 80 g/m²
59.4 × 84 cm
Serie 1, 2010

082
Carpa en el Restaurante Les Cols. Olot,
Girona, España, 2007–2011
Aguada a la tinta y lápiz sobre papel Canson
Geler Mate 190 gr/m² ⫶ Gouache with ink and
paper on Canson Geler Mate paper 190 g/m²
29.7 × 42 cm
Serie 2, Octubre ⫶ October 2017

083
The Edge. Dubai Business Bay, Dubái,
Emiratos Árabes Unidos, 2007–2008
Aguada a la tinta sobre papel Canson Geler
Mate 190 g/m² ⫶ Gouache with ink on Canson
Geler Mate paper 190 g/m²
32.5 × 46 cm
Serie 1, Marzo ⫶ March 2007
Colección Papers ⫶ Papers Collection

084
Museo Soulages. Rodez, Francia, 2008–2014
Aguada a la tinta y lápiz sobre papel Canson
Geler Mate 190 g/m² ⫶ Gouache with ink and
pencil on Canson Geler Mate paper 190 g/m²
59.4 × 84 cm
Serie 4, Abril ⫶ April 2014

085
Museo Soulages. Rodez, Francia, 2008–2014
Aguada a la tinta y lápiz sobre papel Canson
Imagine 200 g/m² ⫶ Gouache with ink and
paper on Canson Imagine paper 200 g/m²
29.7 × 42 cm
Serie 4, Abril ⫶ April 2014
Colección privada ⫶ Private Collection

086
Museo Soulages. Rodez, Francia, 2008-2014
Aguada a la tinta sobre papel Canson
Imagine 200 g/m² ⦂ Gouache with ink on
Canson Imagine paper 200 g/m²
29.7 × 42 cm
Serie 4, Abril ⦂ April 2014
Colección Papers ⦂ Papers Collection

087
Casa Entremuros. Olot, Girona, España,
2009-2012
Aguada a la tinta y lápiz sobre papel Canson
Geler Mate 190 g/m² ⦂ Gouache with ink and
pencil on Canson Geler Mate paper 190 g/m²
23 × 32.5 cm
Serie 1, Agosto ⦂ August 2011

088
Centre d'Art La Cuisine. Château Negrepe-
lisse, Francia, 2009-2014
Aguada a la tinta y lápiz sobre papel Canson
Geler Mate 190 g/m² ⦂ Gouache with ink and
pencil on Canson Geler Mate paper 190 g/m²
23 × 32.5 cm
Serie 1, Octubre ⦂ October 2011

089
Mediateca Waalse Krook. Gante, Bélgica,
2010-2017
Aguada a la tinta sobre papel Canson
Imagine 200 g/m² ⦂ Gouache with ink on
Canson Imagine paper 200 g/m²
29.7 × 42 cm
Serie 4, Abril ⦂ April 2015

090
Mediateca Waalse Krook. Gante, Bélgica,
2010-2017
Aguada a la tinta sobre papel Canson
Imagine 200 g/m² ⦂ Gouache with ink on
Canson Imagine paper 200 g/m²
29.7 × 42 cm
Serie 4, Abril ⦂ April 2015

091
Parque Central del Vallés. Sabadell, Barce-
lona, España, 2011
Aguada a la tinta y lápiz sobre papel Canson
Geler Mate 190 g/m² ⦂ Gouache with ink and
pencil on Canson Geler Mate paper 190 g/m²
23 × 32.5 cm
Serie 1, 2011

092
Parque del Camí Comtal. Bac de Roda,
Barcelona, España, 2011
Aguada a la tinta y lápiz sobre papel Canson
Imagine 200 g/m² ⦂ Gouache with ink and
pencil on Canson Imagine paper 200 g/m²
32.5 × 23 cm
Serie 1, 2011

093
Parque del Camí Comtal. Bac de Roda,
Barcelona, España, 2011
Aguada a la tinta y lápiz sobre papel Guarro
240 g/m² ⦂ Gouache with ink and pencil on
Guarro paper 240 g/m²
70 × 100 cm
Serie 1, 2011

094
Galería, taller y vivienda. Burdeos, Francia,
2012-
Aguada a la tinta sobre papel Canson
Imagine 200 g/m² ⦂ Gouache with ink on
Canson Imagine paper 200 g/m²
29.7 × 42 cm
Serie 1, Enero ⦂ January 2016

095
Galería, taller y vivienda. Burdeos, Francia,
2012-
Aguada a la tinta sobre papel Canson
Imagine 200 g/m² ⦂ Gouache with ink on
Canson Imagine paper 200 g/m²
29.7 × 42 cm
Serie 1, Enero ⦂ January 2016

096
Le Jardin Suspendu. Lormont, Burdeos,
Francia, 2013-
Aguada a la tinta sobre papel Canson
Imagine 200 g/m² ⦂ Gouache with ink on
Canson Imagine paper 200 g/m²
59.4 × 84 cm
Serie 2, Octubre ⦂ October 2016

097
Muraba. Jumeirah Palm, Dubái, Emiratos
Árabes Unidos, 2013-
Aguada a la tinta y lápiz sobre papel Canson
Geler Mate 190 g/m² ⦂ Gouache with ink and
pencil on Canson Geler Mate paper 190 g/m²
32.5 × 23 cm
Serie 1, Febrero ⦂ February 2014

098
Hotel Bois Fleuri. Burdeos, Francia, 2013
Aguada a la tinta y lápiz sobre papel Canson
Imagine 200 g/m² ⦂ Gouache with ink and
pencil on Canson Imagine paper 200 g/m²
29.7 × 42 cm
Serie 1, Abril ⦂ April 2014
Colección Papers ⦂ Papers Collection

099
Kama House. Dubái, Emiratos Árabes Unidos,
2014-
Aguada a la tinta sobre papel Canson
Imagine 200 g/m² ⦂ Gouache with ink on
Canson Imagine paper 200 g/m²
29.7 × 42 cm
Serie 4, Junio ⦂ June 2015
Colección Fundación Banc Sabadell ⦂ Banc
Sabadell Foundation Collection

100
Kama House. Dubái, Emiratos Árabes Unidos,
2014-
Aguada a la tinta sobre papel Canson
Imagine 200 g/m² ⦂ Gouache with ink on
Canson Imagine paper 200 g/m²
29.7 × 42 cm
Serie 4, Junio ⦂ June 2015
Colección Fundación Banc Sabadell ⦂ Banc
Sabadell Foundation Collection

101
Alwah House. Dubái, Emiratos Árabes Unidos,
2014-
Aguada a la tinta y lápiz sobre papel Canson
Geler Mate 190 g/m² ⦂ Gouache with ink and
pencil on Canson Geler Mate paper 190 g/m²
23 × 32.5 cm
Serie 1, Octubre ⦂ October 2014

102
Alwah House. Dubái, Emiratos Árabes Unidos,
2014-
Aguada a la tinta y lápiz sobre papel Canson
Geler Mate 190 g/m² ⦂ Gouache with ink and
pencil on Canson Geler Mate paper 190 g/m²
23 × 32.5 cm
Serie 1, Octubre ⦂ October 2014

103
Restaurante Enigma. Barcelona, España,
2014-2016
Aguada a la tinta sobre papel Canson basik
240 g/m² ⦂ Gouache with ink on Canson basik
paper 240 g/m²
100 × 210 cm
Serie 6, Noviembre ⦂ November 2015
Colección Papers ⦂ Papers Collection

104
Restaurante Enigma. Barcelona, España,
2014-2016
Aguada a la tinta sobre papel Canson basik
240 g/m² ⦂ Gouache with ink on Canson basik
paper 240 g/m²
70 × 50 cm
Serie 5, Noviembre ⦂ November 2015
Colección Fundación Banc Sabadell ⦂ Banc
Sabadell Foundation Collection

105
Grupo escolar Le Nide. Brienne, Francia, 2015
Aguada a la tinta y lápiz sobre papel Canson
Imagine 200 g/m² ⦂ Gouache with ink and
pencil on Canson Imagine paper 200 g/m²
29.7 × 42 cm
Serie 1, Julio ⦂ July 2015
Colección Fundación Banc Sabadell ⦂ Banc
Sabadell Foundation Collection

106
Reinventer París, 2015
Aguada a la tinta y lápiz sobre papel Canson
Imagine 200 g/m² ⁝ Gouache with ink and
pencil on Canson Imagine paper 200 g/m²
29.7 × 42 cm
Serie 1, Mayo ⁝ May 2015
Colección Pavillon de l'Arsenal, París,
Francia ⁝ Pavillon de l'Arsenal Collection,
Paris, France

107
Le Pavillon Vide. París, Francia, 2015–
Aguada a la tinta y lápiz sobre papel Canson
Imagine 200 g/m² ⁝ Gouache with ink and
pencil on Canson Imagine paper 200 g/m²
59.4 × 84 cm
Serie 1, Enero ⁝ January 2015
Colección Fundación Banc Sabadell ⁝ Banc
Sabadell Foundation Collection

108
Le Pavillon Vide. París, Francia, 2015–
Aguada a la tinta y lápiz sobre papel Canson
Imagine 200 g/m² ⁝ Gouache with ink and
pencil on Canson Imagine paper 200 g/m²
59.4 × 84 cm
Serie 1, Enero ⁝ January 2015

109
L'Estuaire. Lormont, Burdeos, Francia, 2015–
Aguada a la tinta y lápiz sobre papel Canson
Imagine 200 g/m² ⁝ Gouache with ink and
pencil on Canson Imagine paper 200 g/m²
84 × 59.4 cm
Serie 2, Enero ⁝ January 2018

110
Campus escolar Dar Ar Marefa. Dubái,
Emiratos Árabes Unidos, 2015–
Aguada a la tinta y lápiz sobre papel Canson
Imagine 200 g/m² ⁝ Gouache with ink and
pencil on Canson Imagine paper 200 g/m²
84 × 59.4 cm
Serie 2, Noviembre ⁝ November 2015
Colección Fundación Banc Sabadell ⁝ Banc
Sabadell Foundation Collection

111
Casa Asma. Dubái, Emiratos Árabes Unidos,
2015–
Aguada a la tinta y lápiz sobre papel Canson
Imagine 200 g/m² ⁝ Gouache with ink and
pencil on Canson Imagine paper 200 g/m²
29.7 × 42 cm
Serie 1, Diciembre ⁝ December 2015

112
Casa Asma. Dubái, Emiratos Árabes Unidos,
2015–
Aguada a la tinta y lápiz sobre papel Canson
Imagine 200 g/m² ⁝ Gouache with ink and
pencil on Canson Imagine paper 200 g/m²
29.7 × 42 cm
Serie 1, Diciembre ⁝ December 2015
Colección Fundación Banc Sabadell ⁝ Banc
Sabadell Foundation Collection

113
Casa Zahid. Dubái, Emiratos Árabes Unidos,
2015–
Aguada a la tinta y lápiz sobre papel Canson
Imagine 200 g/m² ⁝ Gouache with ink and
pencil on Canson Imagine paper 200 g/m²
42 × 59.4 cm
Serie 1, Noviembre ⁝ November 2015

114
Pasarela. Maria Gugging, Klosterneuburg,
Austria, 2015–
Aguada a la tinta y lápiz sobre papel Canson
Imagine 200 g/m² ⁝ Gouache with ink and
pencil on Canson Imagine paper 200 g/m²
29.7 × 42 cm
Serie 1, Septiembre ⁝ September 2015

115
Rehabilitación y ampliación del Mas Nou.
Cassà de la Selva, Girona, España, 2016–
Aguada a la tinta y lápiz sobre papel Canson
Imagine 200 g/m² ⁝ Gouache with ink and
pencil on Canson Imagine paper 200 g/m²
29.7 × 42 cm
Serie 1, Mayo ⁝ May 2016

116
Casa Son Parc. Menorca, España, 2016–
Aguada a la tinta y lápiz sobre papel Canson
Imagine 200 g/m² ⁝ Gouache with ink and
pencil on Canson Imagine paper 200 g/m²
29.7 × 42 cm
Serie 1, Junio ⁝ June 2016

117
Librería Blanquerna. Madrid, España, 2016–
Aguada a la tinta y lápiz sobre papel Canson
Imagine 200 g/m² ⁝ Gouache with ink and
pencil on Canson Imagine paper 200 g/m²
29.7 × 42 cm
Serie 1, Junio ⁝ June 2016

118
Librería Blanquerna. Madrid, España, 2016–
Aguada a la tinta y lápiz sobre papel Canson
Imagine 200 g/m² ⁝ Gouache with ink and
pencil on Canson Imagine paper 200 g/m²
29.7 × 42 cm
Serie 1, Junio ⁝ June 2016

119
île Seguin. París, Francia, 2016–
Aguada a la tinta y lápiz sobre papel Canson
Imagine 200 g/m² ⁝ Gouache with ink and
pencil on Canson Imagine paper 200 g/m²
29.7 × 42 cm
Serie 1, Octubre ⁝ October 2016

120
île Seguin. París, Francia, 2016–
Aguada a la tinta y lápiz sobre papel Canson
Imagine 200 g/m² ⁝ Gouache with ink and
pencil on Canson Imagine paper 200 g/m²
29.7 × 42 cm
Serie 1, Julio ⁝ June 2016

121
Sede de Agbar. Cornellà de Llobregat,
Barcelona, España, 2017–
Aguada a la tinta y lápiz sobre papel Canson
Imagine 200 g/m² ⁝ Gouache with ink and
pencil on Canson Imagine paper 200 g/m²
29.7 × 42 cm
Serie 1, Septiembre ⁝ September 2017

122
Museo de Arte Contemporáneo. Adelaide,
Australia, 2017–
Aguada a la tinta y lápiz sobre papel Canson
Imagine 200 g/m² ⁝ Gouache with ink and
pencil on Canson Imagine paper 200 g/m²
29.7 × 42 cm
Serie 1, Noviembre ⁝ November 2017

123
Museo de Arte Contemporáneo. Adelaide,
Australia, 2017–
Aguada a la tinta y lápiz sobre papel Canson
Imagine 200 g/m² ⁝ Gouache with ink and
pencil on Canson Imagine paper 200 g/m²
29.7 × 42 cm
Serie 1, Noviembre ⁝ November 2017

OBRAS
....
WORKS

124
Sin título, Serie *Japón*, 2017
Aguada a la tinta sobre papel Caballo 109A
250 g/m² ⁝ Gouache with ink on Caballo 109A
paper 250 g/m²
100 × 70 cm
Serie 1, 7 de junio de 2017 ⁝ June 7th, 2017

125
Sin título, Serie *Japón*, 2017
Aguada a la tinta sobre papel Caballo 109A
250 g/m² ⁝ Gouache with ink on Caballo 109A
paper 250 g/m²
100 × 70 cm
Serie 1, 1 de julio de 2017 ⁝ July 1st, 2017

126
Sin título, Serie *Japón*, 2017
Aguada a la tinta sobre papel Caballo 109A
250 g/m² ⁝ Gouache with ink on Caballo 109A
paper 250 g/m²
Tríptico compuesto por papeles de 100 × 70
cm: 100 × 210 cm ⁝ Triptych composed of
papers measuring 100 × 70 cm: 100 × 210 cm
Serie 1, 24 de junio de 2017 ⁝ June 24th, 2017

127
Sin título, Serie *Japón*, 2017
Aguada a la tinta sobre papel Caballo 109A
250 g/m² ⁝ Gouache with ink on Caballo 109A
paper 250 g/m²
100 × 70 cm
Serie 1, 19 de junio de 2017 ⁝ June 19th, 2017

128
Sin título, Serie *Japón*, 2017
Aguada a la tinta sobre papel Caballo 109A
250 g/m² ⫶ Gouache with ink on Caballo 109A
paper 250 g/m²
100 × 70 cm
Serie 1, 8 de junio de 2017 ⫶ June 8th, 2017

129
Sin título, Serie *Japón*, 2017
Aguada a la tinta sobre papel Caballo 109A
250 g/m² ⫶ Gouache with ink on Caballo 109A
paper 250 g/m²
Políptico compuesto por cuatro papeles de
100 × 70 cm: 100 × 280 cm ⫶ Polyptych
composed of papers measuring 100 × 70 cm:
100 × 280 cm
Serie 1, 27 de mayo de 2017 ⫶ May 27th, 2017

130
Sin título, Serie *Muraba*, 2017
Aguada a la tinta sobre papel Aquari hecho a
mano 500 g/m², 100% algodón ⫶ Gouache
with ink on handmade Aquari paper 500 g/
m², 100% cotton
125 × 80 cm
Serie 1, Noviembre–Diciembre ⫶ November–
December 2017
Colección privada ⫶ Private Collection

131
Sin título, Serie *Muraba*, 2017
Aguada a la tinta sobre papel Aquari hecho a
mano 500 g/m², 100% algodón ⫶ Gouache
with ink on handmade Aquari paper 500 g/
m², 100% cotton
150 × 105 cm
Serie 1, Noviembre–Diciembre ⫶ November–
December 2017
Colección privada ⫶ Private Collection

132
Sin título, Serie *Muraba*, 2017
Aguada a la tinta sobre papel Aquari hecho a
mano 500 g/m², 100% algodón ⫶ Gouache
with ink on handmade Aquari paper 500 g/
m², 100% cotton
Díptico compuesto por papeles de 150 ×
105 cm: 150 × 315 cm ⫶ Diptych composed
of papers measuring 150 × 105 cm: 150 ×
315 cm
Serie 1, Noviembre–Diciembre ⫶ November–
December 2017
Colección privada ⫶ Private Collection

133
Sin título, Serie *Casa Batlló*, 2017
Aguada a la tinta sobre papel Caballo 109A
250 g/m² ⫶ Gouache with ink on Caballo 109A
paper 250 g/m²
Díptico compuesto por papeles de 100 × 70
cm: 100 × 140 cm ⫶ Diptych composed of
papers measuring 100 × 70 cm: 100 × 140 cm
Serie 1, 8 de agosto de 2017 ⫶ August 8th,
2017

134
Sin título, Serie *Casa Batlló*, 2017
Aguada a la tinta sobre papel Caballo 109A
250 g/m² ⫶ Gouache with ink on Caballo 109A
paper 250 g/m²
Díptico compuesto por papeles de 100 × 70
cm: 100 × 140 cm ⫶ Diptych composed of
papers measuring 100 × 70 cm: 100 × 140 cm
Serie 1, 1 de agosto de 2017 ⫶ August 1st,
2017

135
Sin título, Serie *México*, 2017
Aguada a la tinta sobre papel Caballo 109A
250 g/m² ⫶ Gouache with ink on Caballo 109A
paper 250 g/m²
100 × 70 cm
Serie 1, 11 de octubre de 2017 ⫶ October 11th,
2017

136
Sin título, Serie *México*, 2017
Aguada a la tinta sobre papel Caballo 109A
250 g/m² ⫶ Gouache with ink on Caballo 109A
paper 250 g/m²
100 × 70 cm
Serie 1, 9 de septiembre de 2017 ⫶ September
9th, 2017

137
Sin título, Serie *México*, 2017
Aguada a la tinta sobre papel Caballo 109A
250 g/m² ⫶ Gouache with ink on Caballo 109A
paper 250 g/m²
100 × 70 cm
Serie 1, 29 de septiembre de 2017 ⫶ September
ber 29th, 2017

138
Sin título, Serie *México*, 2017
Aguada a la tinta sobre papel Caballo 109A
250 g/m² ⫶ Gouache with ink on Caballo 109A
paper 250 g/m²
100 × 70 cm
Serie 1, 20 de octubre de 2017 ⫶ October
20th, 2017

139
Estadio de Atletismo Tossols Basil, Serie *RCR*,
2017
Aguada a la tinta sobre papel Caballo 109A
250 g/m² ⫶ Gouache with ink on Caballo 109A
paper 250 g/m²
100 × 70 cm
Serie 1, 21 de octubre de 2017 ⫶ October 21th,
2017

140
Sin título, Serie *Algas*, 2017
Aguada a la tinta sobre papel Caballo 109A
250 g/m² ⫶ Gouache with ink on Caballo 109A
paper 250 g/m²
100 × 70 cm
Serie 1, 23 de octubre de 2017 ⫶ October 23th,
2017

141
Sin título, Serie *Algas*, 2017
Aguada a la tinta sobre papel Caballo 109A
250 g/m² ⫶ Gouache with ink on Caballo 109A
paper 250 g/m²
100 × 70 cm
Serie 1, 21 de octubre de 2017 ⫶ October 21th,
2017

142
Sin título, Serie *Algas*, 2017
Aguada a la tinta sobre papel Caballo 109A
250 g/m² ⫶ Gouache with ink on Caballo 109A
paper 250 g/m²
100 × 70 cm
Serie 1, 22 de octubre de 2017 ⫶ October
22th, 2017

143
Sin título, Serie *Paisaje*, 2017
Aguada a la tinta sobre papel Caballo 109A
250 g/m² ⫶ Gouache with ink on Caballo 109A
paper 250 g/m²
Díptico compuesto por papeles de 100 × 70
cm: 100 × 140 cm ⫶ Diptych composed of
papers measuring 100 × 70 cm: 100 × 140 cm
Serie 1, 28 de agosto de 2017 ⫶ August 28th,
2017

144
Sin título, Serie *Paisaje*, 2017
Aguada a la tinta sobre papel Caballo 109A
250 g/m² ⫶ Gouache with ink on Caballo 109A
paper 250 g/m²
Díptico compuesto por papeles de 100 × 70
cm: 100 × 140 cm ⫶ Diptych composed of
papers measuring 100 × 70 cm: 100 × 140 cm
Serie 1, 28 de agosto de 2017 ⫶ August 28th,
2017

145
Sin título, Serie *Paisaje*, 2017
Aguada a la tinta sobre papel Caballo 109A
250 g/m² ⫶ Gouache with ink on Caballo 109A
paper 250 g/m²
Díptico compuesto por papeles de 100 × 70
cm: 100 × 140 cm ⫶ Diptych composed of
papers measuring 100 × 70 cm: 100 × 140 cm
Serie 1, 15 de agosto de 2017 ⫶ August 15th,
2017

SERIES

SERIES

LA MAÍA ENCIERRA LO INEXPLORADO

LA SIMETRÍA PERFECTA NO EXISTE

ES EL PRINCIPIO

LO QUE SIGUE AL FIN

EL ROZAMIENTO

ENCIENDE LAS CHISPAS

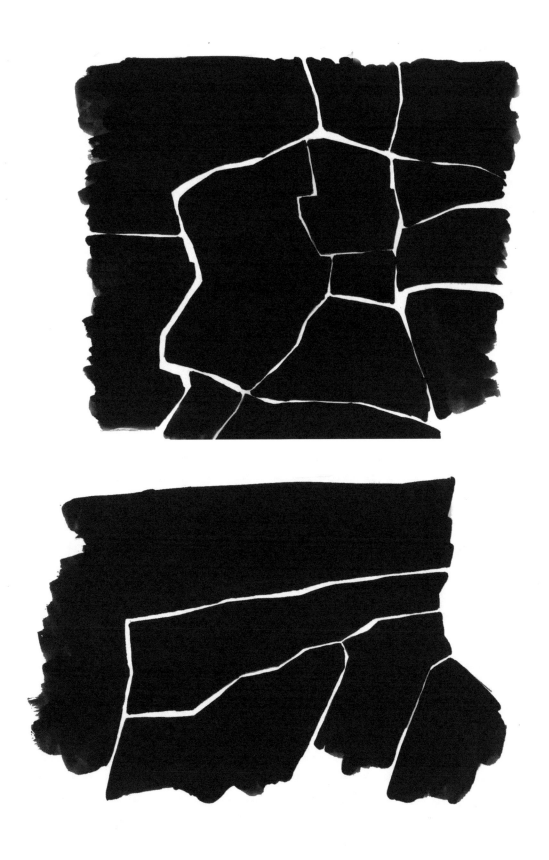

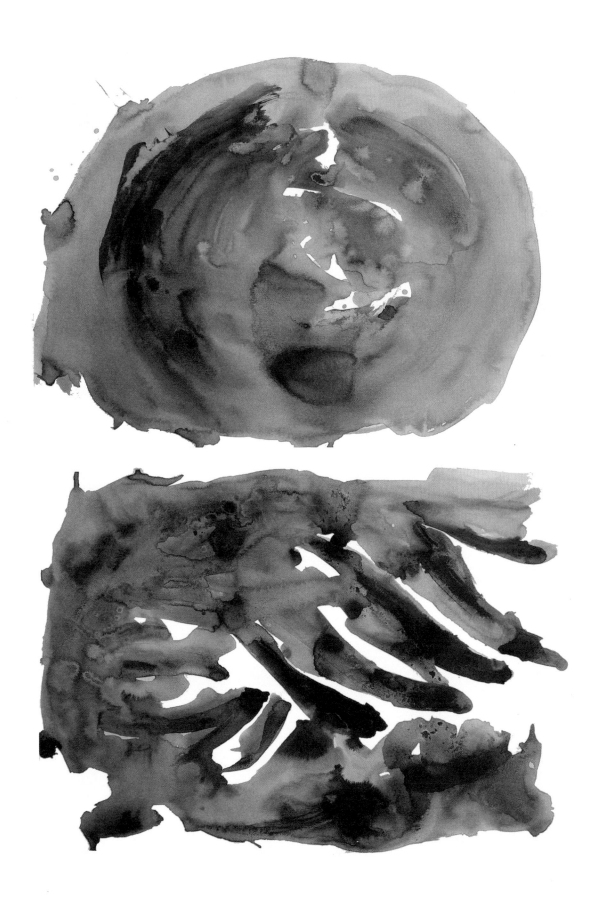

ESBOZOS

....

SKETCHES

Textura — porqa — vós?
ontra — tejdd

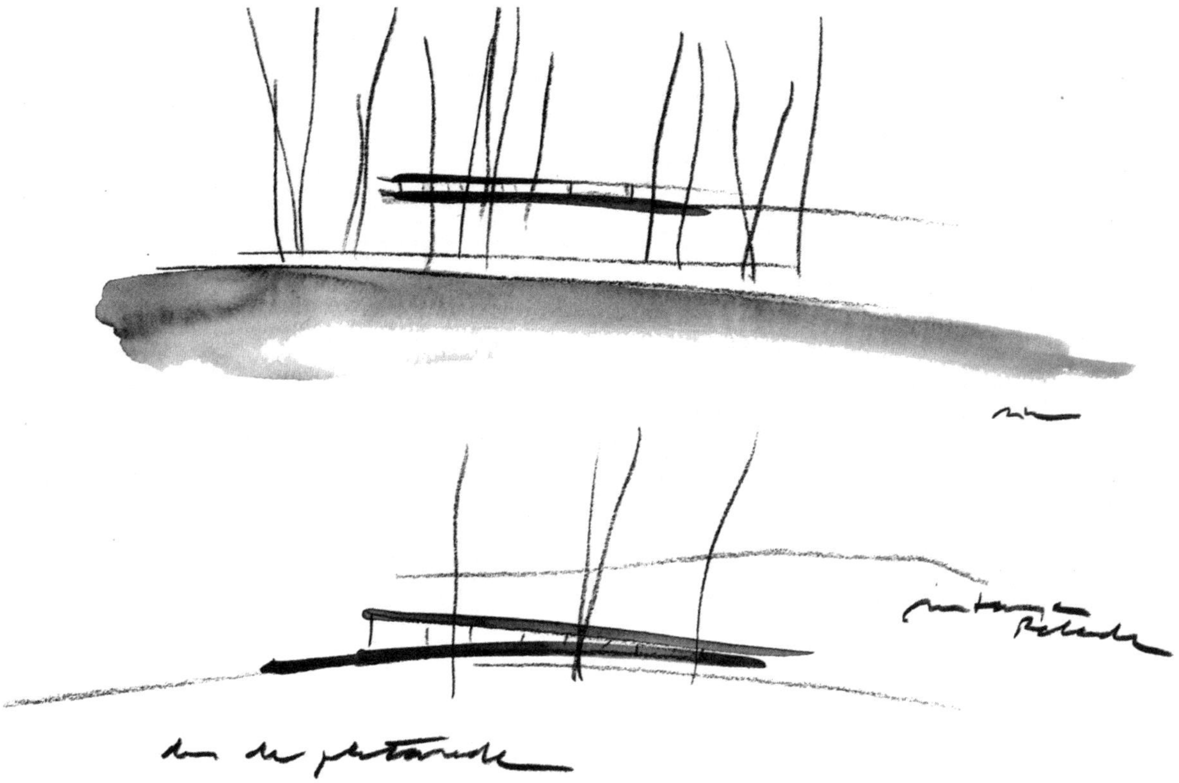

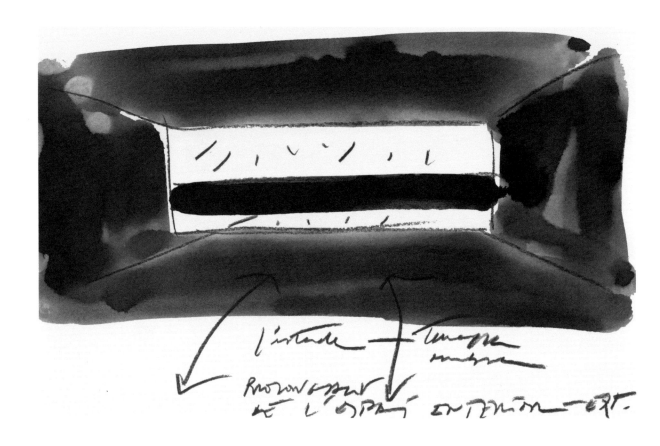

engrandecimiento del proyecto

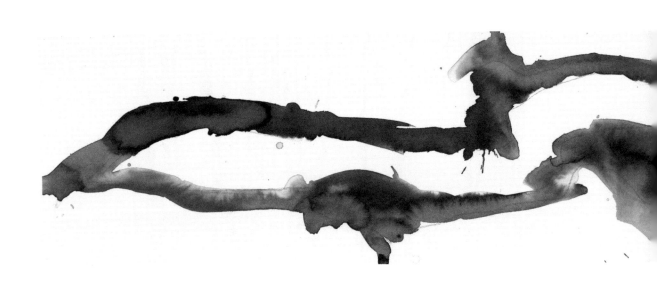

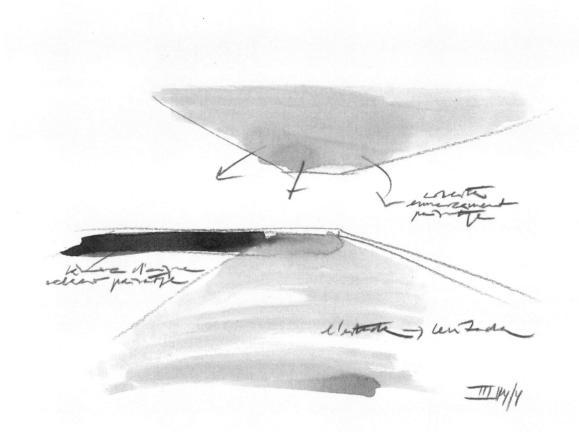

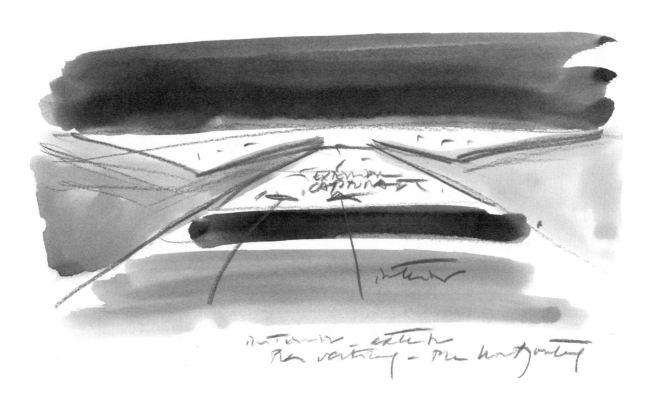

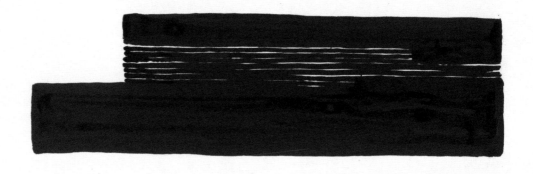

"Welwitschia mirabilis"

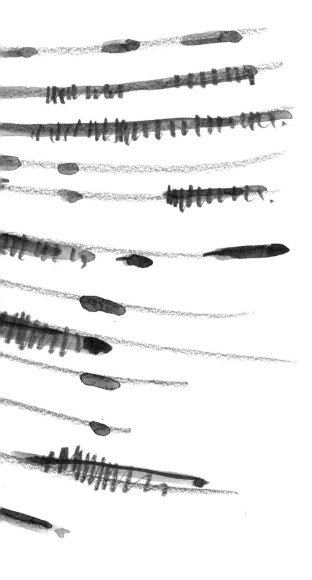

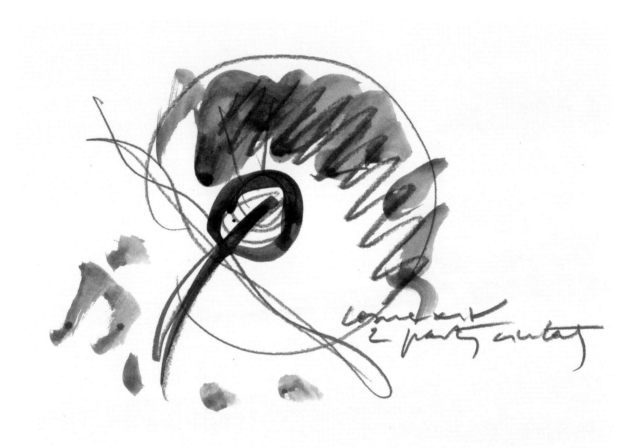

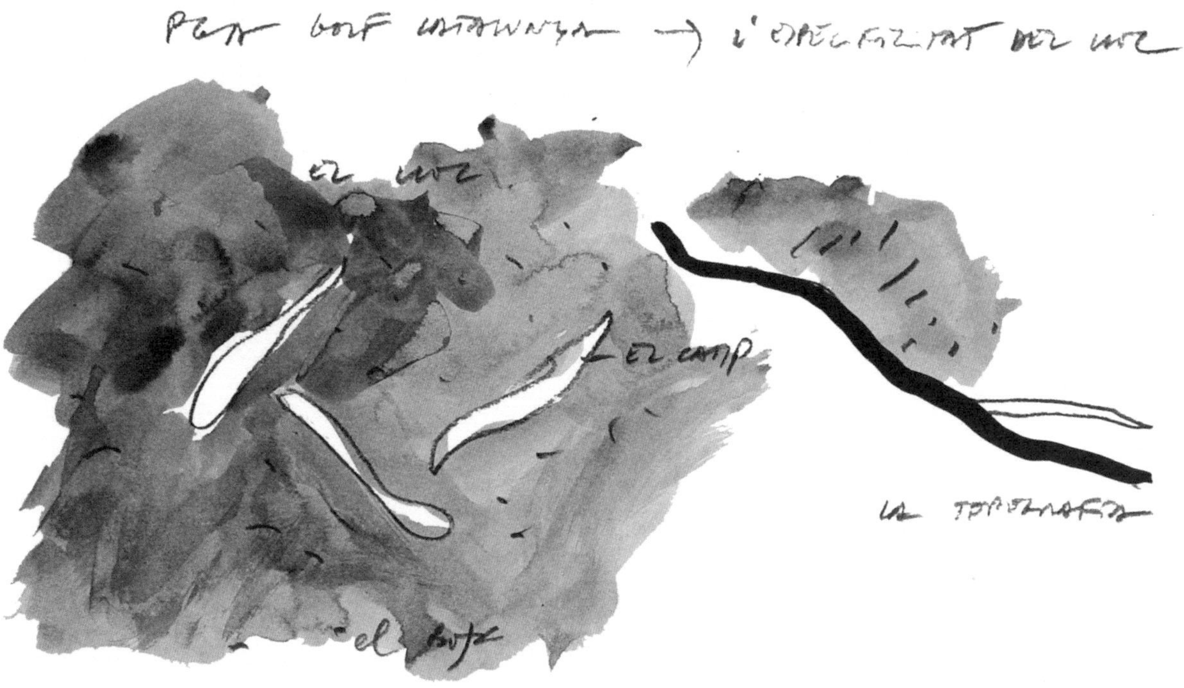
EL CAMP
el bosc
LA TOPOGRAFIA

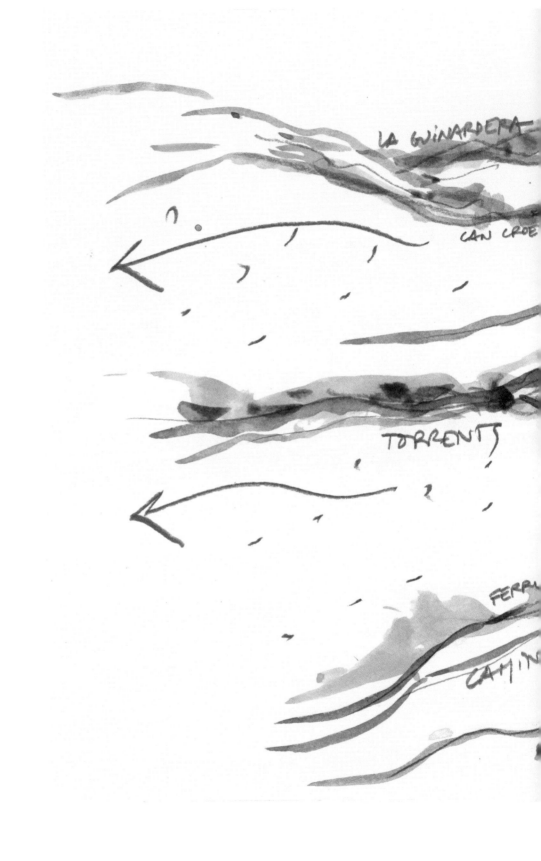

LA GUINARDERA

CAN CROE

TORRENTS

FERR

CAMIN

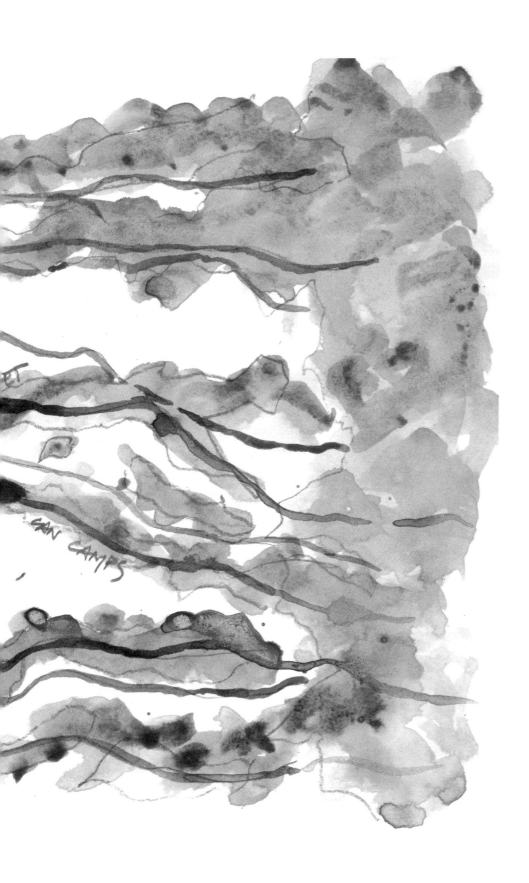

SAN CAMPS

encajado en el terreno
hendiduras en la tierra

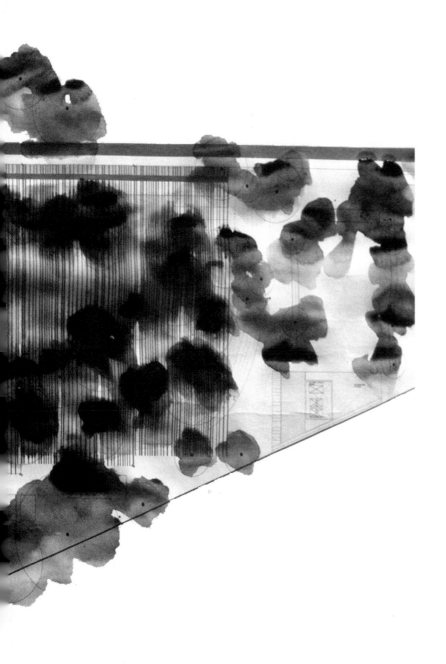

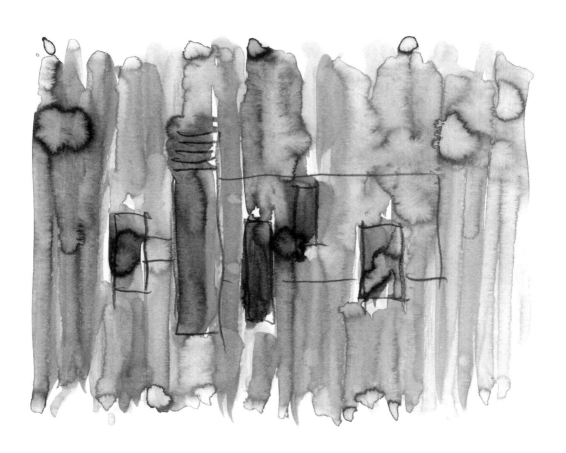

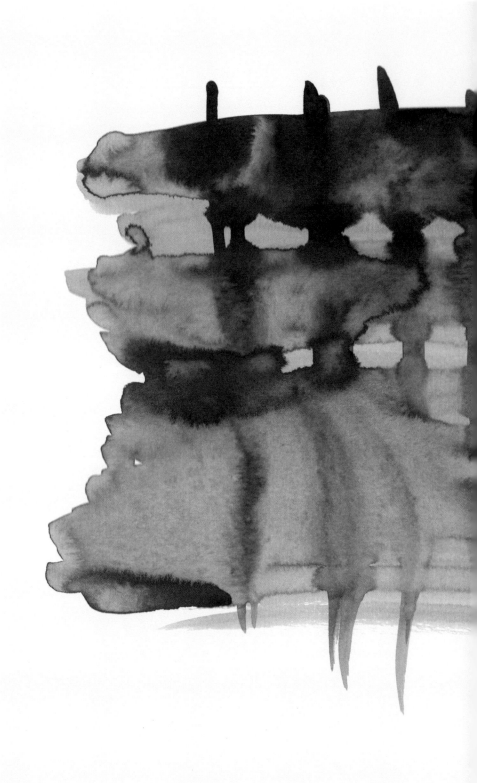

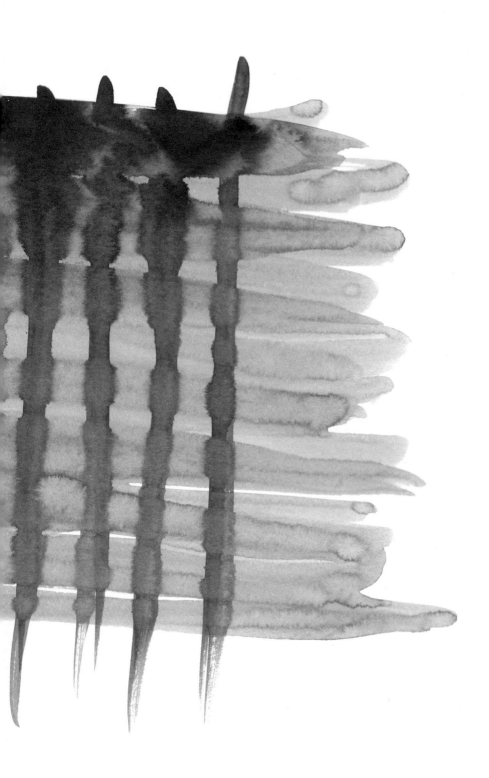

compromís d'espais
paisatges d'aigua

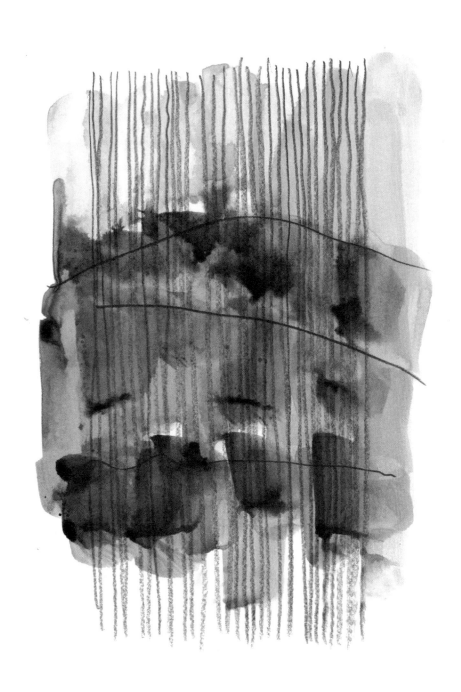

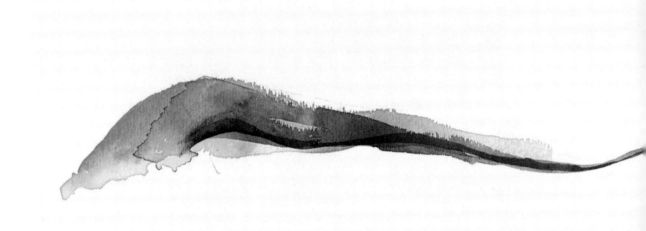

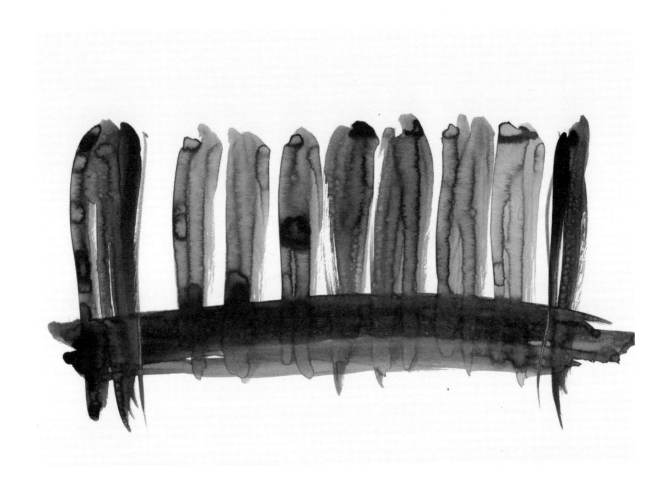

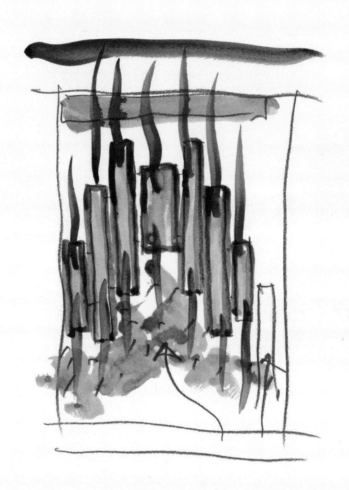

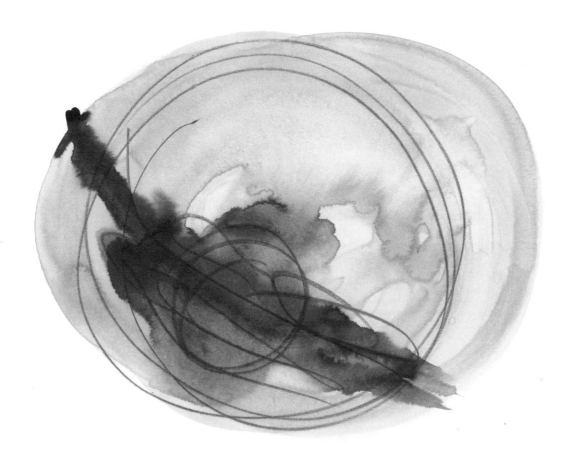

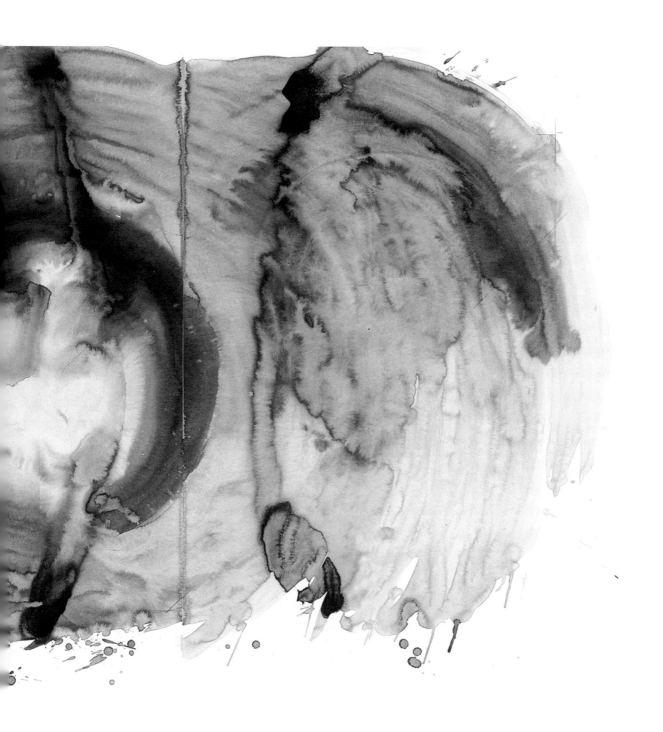

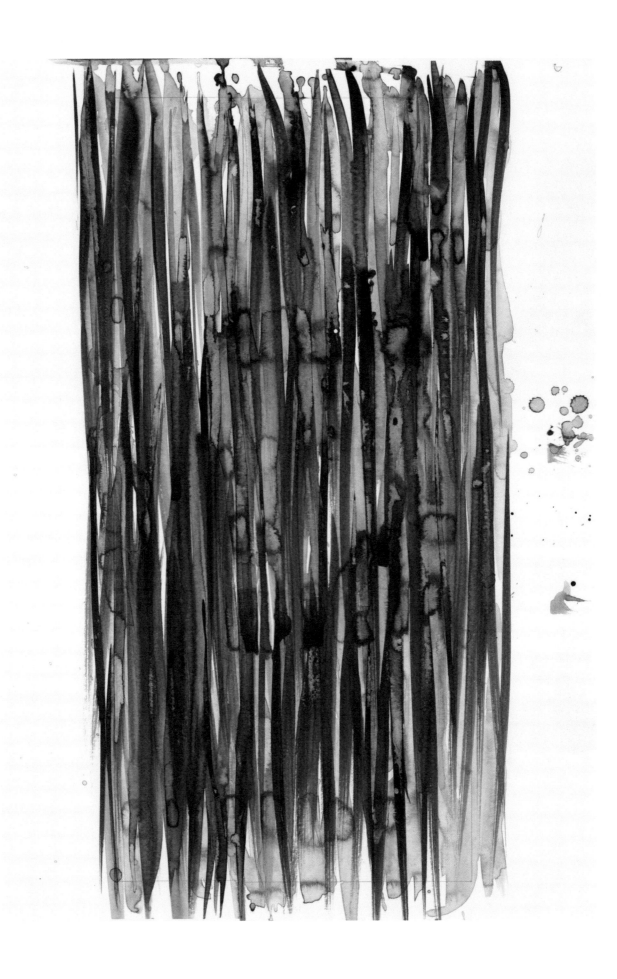

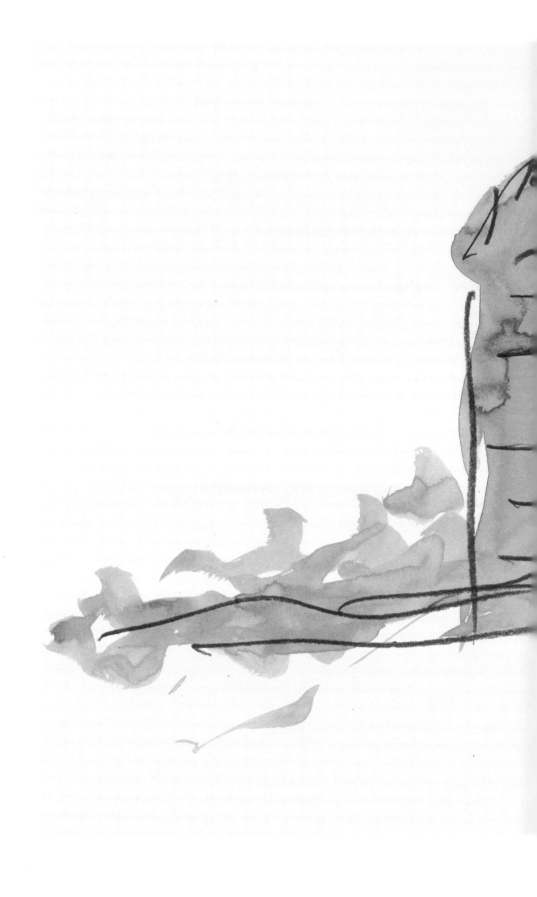

el BUIT - el TOT - el cel + la terra

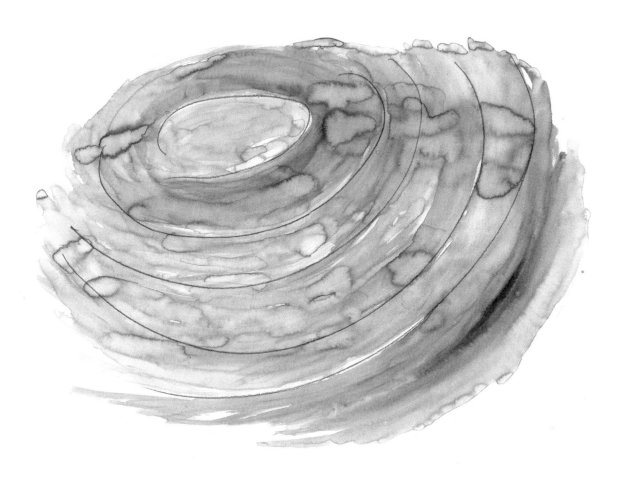

CREAR UNA ATMÓSFERA, UN TODO
LA NATURALEZA

no pensad jus + el especjor
y le mezcln
de los espacios

el control de las visuales, el exterior en el interior

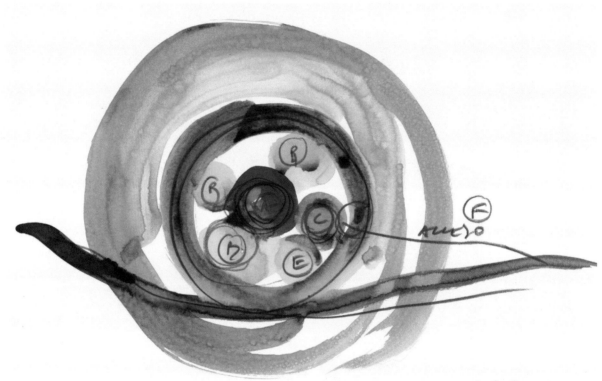

ALLEGRO

CREAR UN LUGAR

es no prevenerse d'edificar
ni desde l'EXTERIOR
ni desde l'INTERIOR

la gavotte

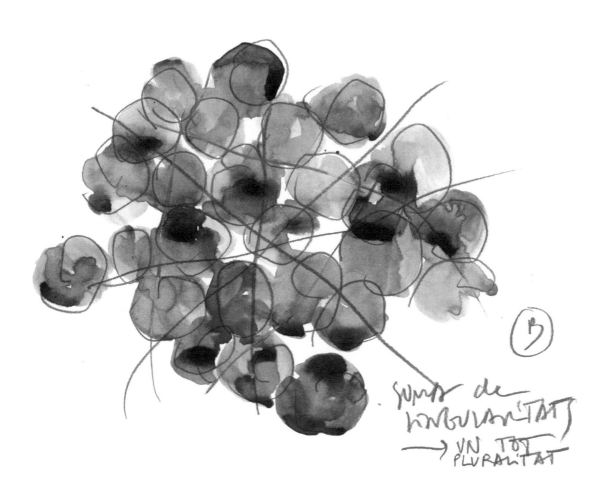

SUMA de
SINGULARITATS
⟶ UN TOT
PLURALITAT

el centre cultural com a
final del recorregut
i l'encoltat d'exterior

OBRA

....

WORKS

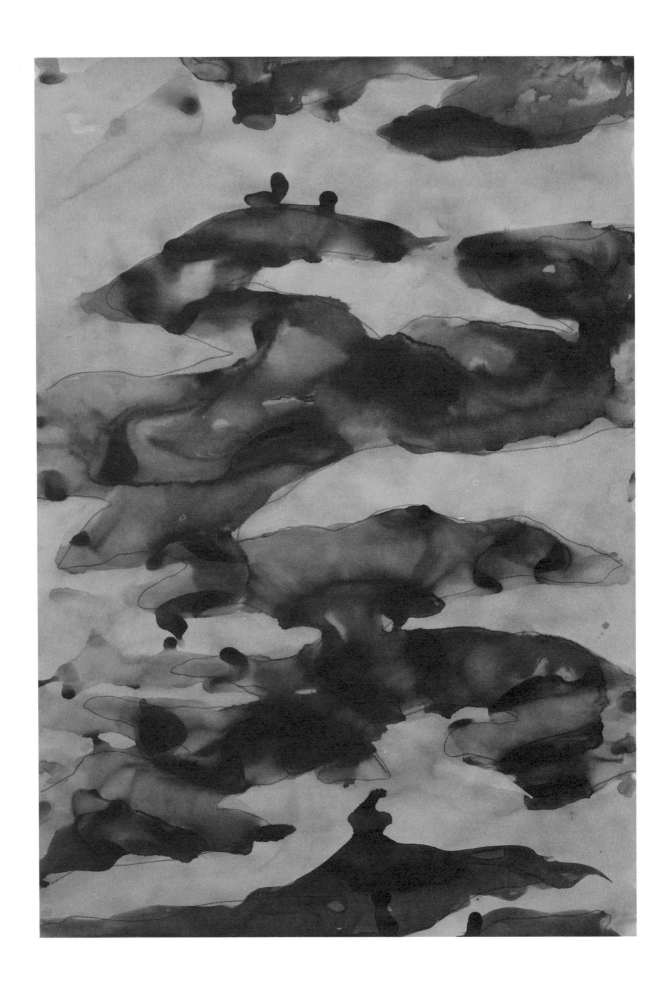

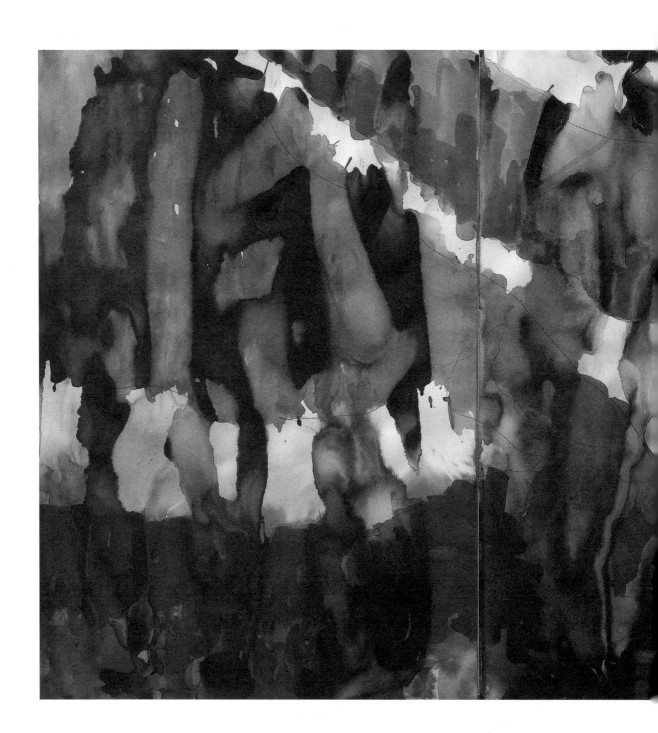

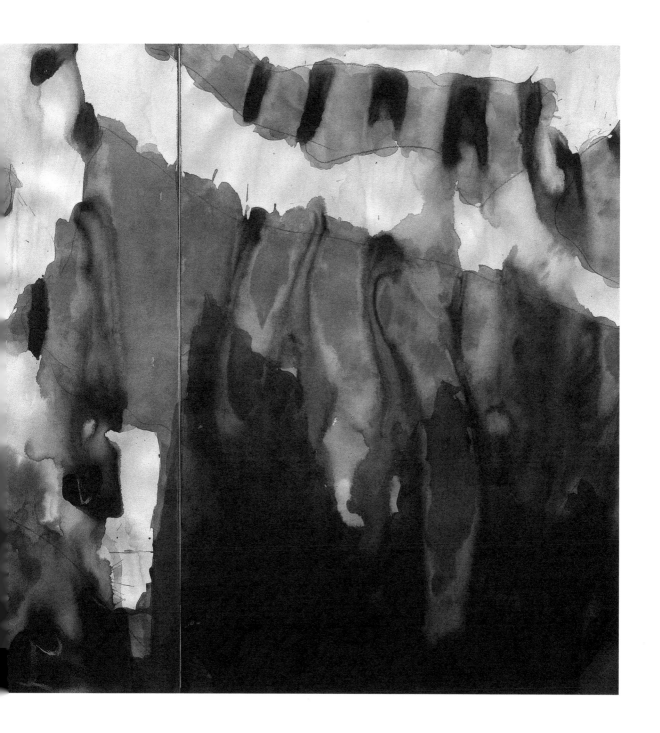

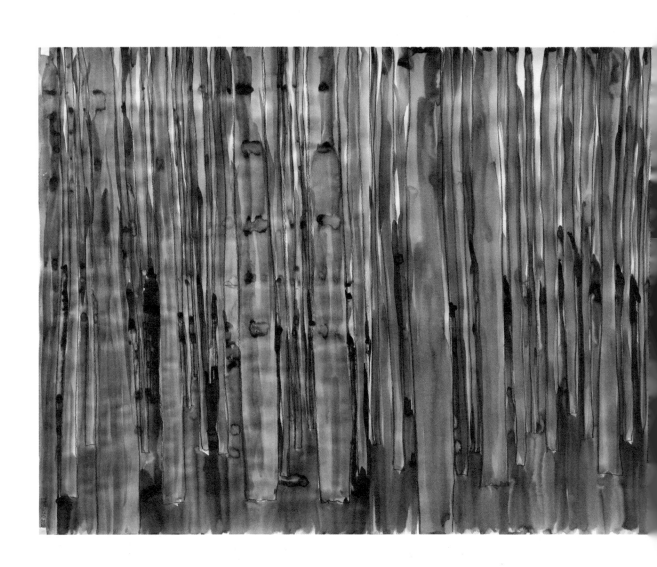

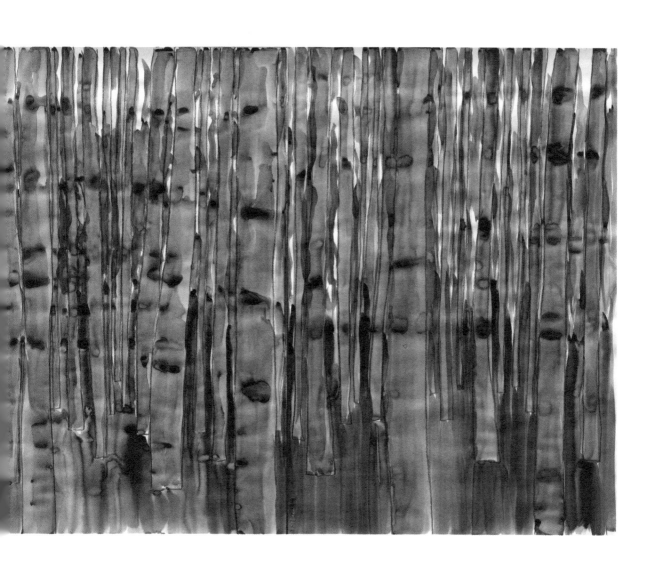

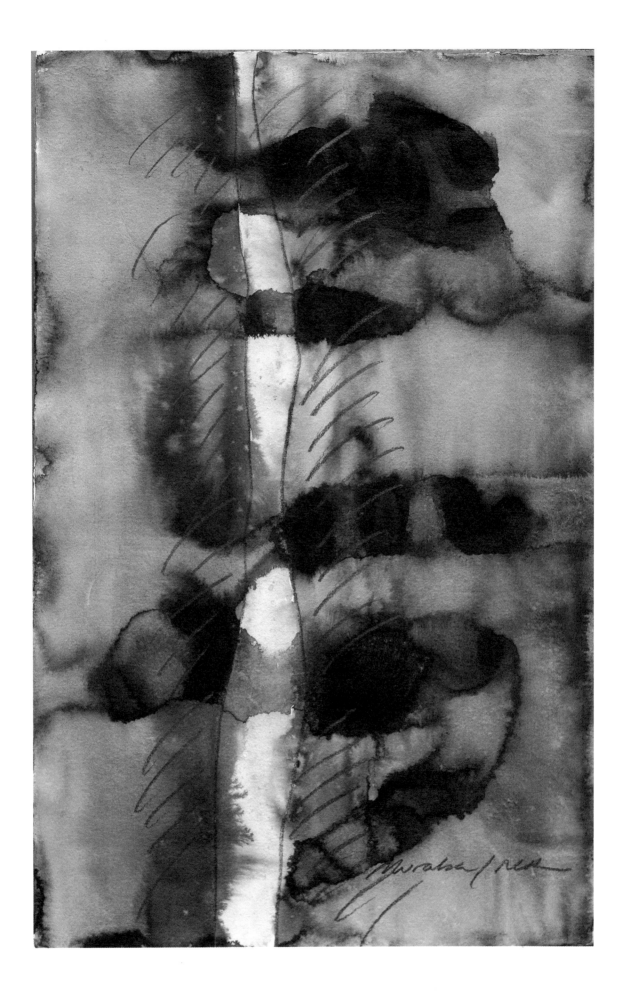

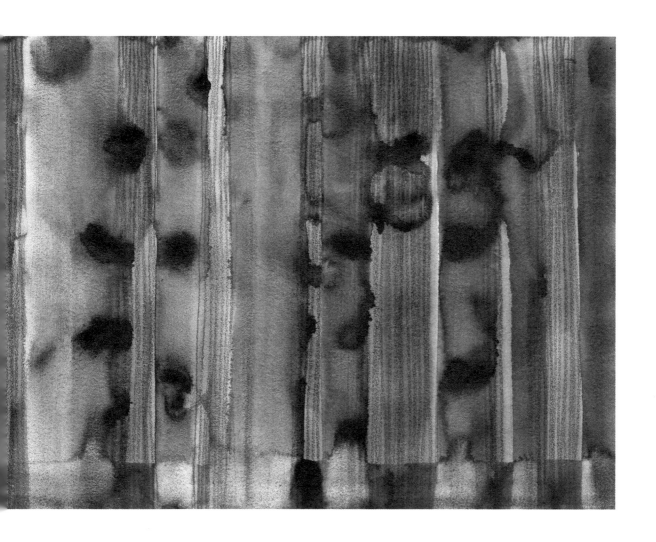

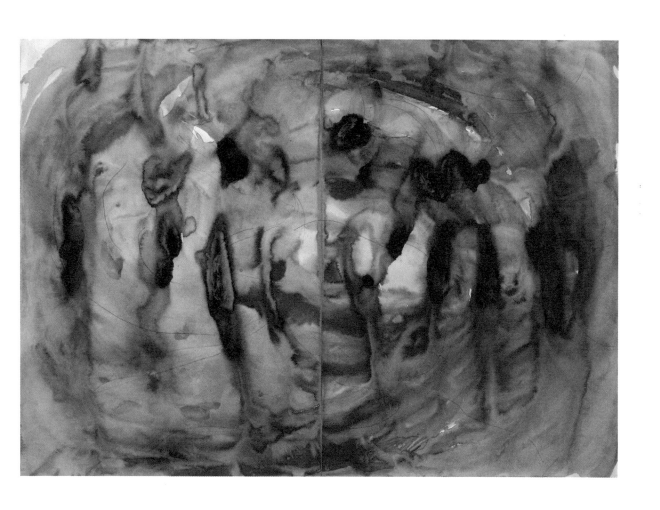

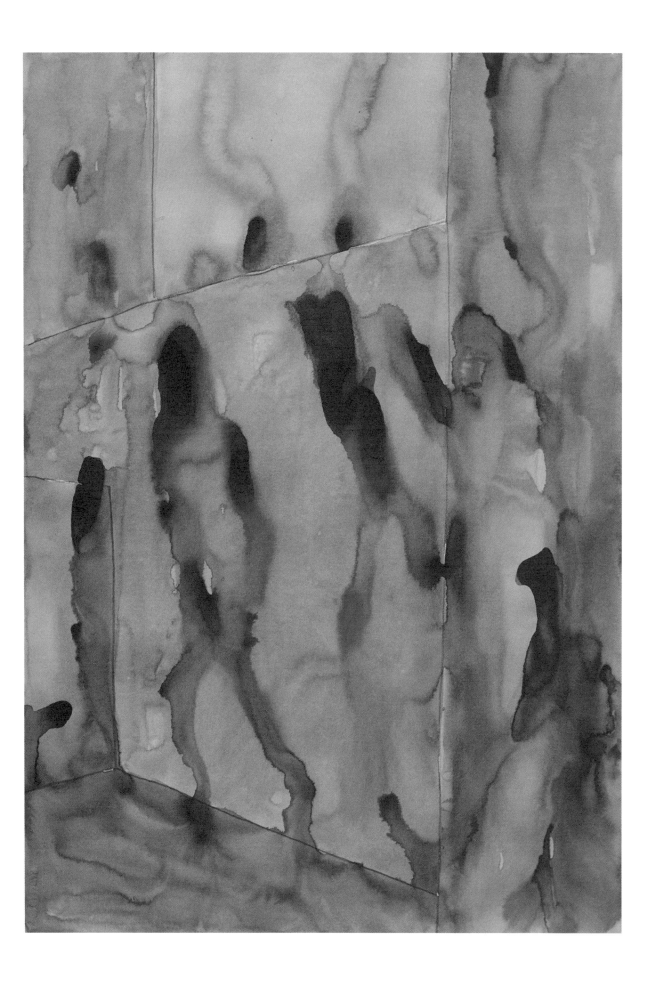

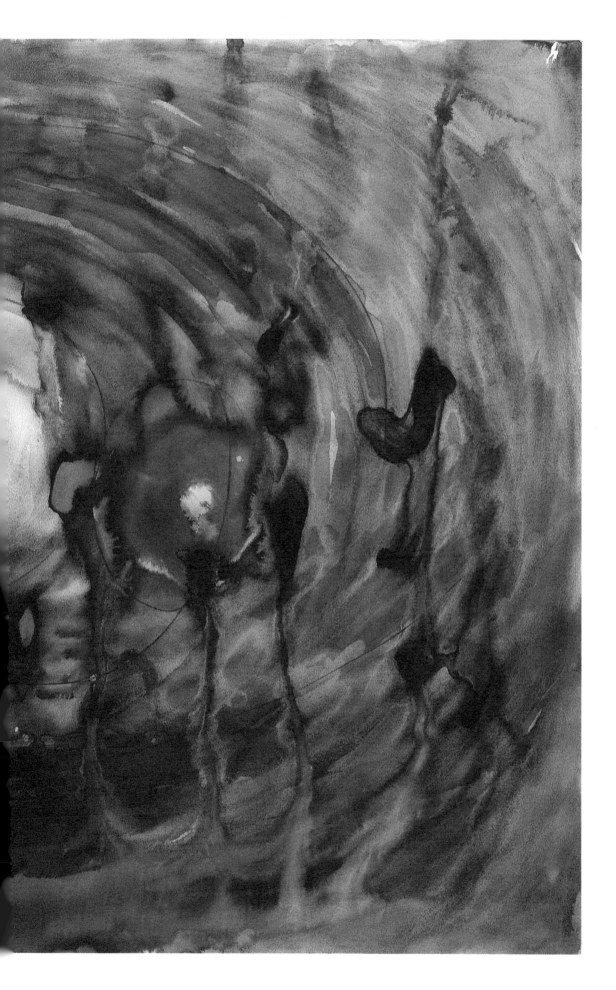